Lesestufen

Ein Instrument zur Feststellung und Förderung der Leseentwicklung

Kommentar und Auswertungsbogen zum Bilderbuch *Dani hat Geburtstag*

Albin Niedermann
Martin Sassenroth

Persen Verlag GmbH

Lesestufen
Ein Instrument zur Feststellung und Förderung der Leseentwicklung
Kommentar und Auswertungsbogen zum Bilderbuch *Dani hat Geburtstag*

Das Bilderbuch *Dani hat Geburtstag* erhalten Sie unter der ISBN 3-89358-678-4.

Die Autoren:
Prof. Dr. Albin Niedermann – Diplom-Heilpädagoge, Psychotherapeut. Leiter der Abteilung Schulische Heilpädagogik am Heilpädagogischen Institut der Universität Freiburg/Schweiz.

Dr. Martin Sassenroth – Diplom-Sprachheilpädagoge, langjähriger Leiter der Abteilung Logopädie am Heilpädagogischen Institut der Universität Freiburg/Schweiz. Lehrbeauftragter für Schriftspracherwerb, zurzeit freiberuflich in (Schul-)beratung und -forschung tätig.

Gedruckt auf umweltschonend gefertigtem, chlorfrei gebleichtem und alterungsbeständigem Papier

1. Auflage 2004

Schweizer Originalausgabe © Klett und Balmer AG, Zug, Schweiz 2002

© by Persen Verlag GmbH, Horneburg 2004
Alle Rechte vorbehalten

Das Werk und seine Teile sind urheberrechtlich geschützt. Jede Nutzung in anderen als den gesetzlich zugelassenen Fällen bedarf der vorherigen schriftlichen Einwilligung des Verlages. Hinweis zu § 52a UrhG: Weder das Werk noch seine Teile dürfen ohne eine solche Einwilligung eingescannt und in ein Netzwerk eingestellt werden. Dies gilt auch für Intranets von Schulen und sonstigen Bildungseinrichtungen.

Illustrationen: Vera Eggermann, Luzern
Satz: Hans Rudolf Ziegler, Zürich und MouseDesign Medien AG, Zeven

ISBN 3-89358-677-6

Inhaltsverzeichnis

1	**Vorwort**	5
2	**Theoretischer Bezugsrahmen**	7
2.1	Das Phasenmodell im Überblick	7
2.2	Beschreibung der einzelnen Phasen	8
2.2.1	Phase 1: Präliteral-symbolische Leistungen	8
2.2.2	Phase 2: Logographische Leistungen	9
2.2.3	Phase 3: Logographemische Leistungen	9
2.2.4	Phase 4: Erste Graphem-Phonem-Korrespondenzen (GPK)	10
2.2.5	Phase 5: Vollständiges Synthetisieren	10
2.2.6	Phase 6: Fortgeschrittenes Erlesen	11
2.2.7	Phase 7: Flüssiges Lesen	12
2.3	Phasenübergänge – Voraussetzungen und mögliche Hindernisse	13
2.3.1	Vorbemerkungen	13
2.3.2	Übergang zu Phase 1	14
2.3.3	Übergang zu Phase 2	15
2.3.4	Übergang zu Phase 3	15
2.3.5	Übergang zu Phase 4	15
2.3.6	Übergang zu Phase 5	16
2.3.7	Übergang zu Phase 6	16
2.3.8	Übergang zu Phase 7	17
3	**Die Lesestandserfassung**	18
3.1	Arbeitsmaterial im Überblick	18
3.2	Durchführungsort und Sitzanordnung	19
3.3	Durchführungshinweise	19
3.4	Die sichere Handhabung des Beobachtungsbogens	21
3.4.1	Zeichenerklärung	21
3.4.2	Der Beobachtungsbogen	21
	Allgemeine Angaben	21
	Umschlag und Titel	22
	Seite 2	23
	Seite 3	24
	Seite 4–5	25
	Seite 6–7	26
	Seite 8–9	27
	Seite 10	29
	Seite 11	30
	Seiten 12 und 13	31
3.5	Auswertung	33
3.6	Interpretation	33

4	**Überlegungen zur Bestimmung der teststatistischen Gütekriterien aus förderdiagnostischer Sicht**	**34**
4.1	Vorbemerkungen	34
4.2	Einordnung von *Lesestufen*	34
4.2.1	Bedeutung des Screeningverfahrens für die Förderperson	34
4.2.2	Objektivität	35
4.2.3	Reliabilität	35
4.2.4	Validität	36
4.2.5	Normierung, Eichung	36
4.3	Fazit	36
5	**Fallbeispiele und Förderhinweise**	**37**
5.1	Vorbemerkungen	37
5.2	Fallbeispiel 1: Eva (5;11)	37
5.2.1	Beobachtungen	37
5.2.2	Interpretation	39
5.2.3	Förderhinweise	39
5.3	Fallbeispiel 2: Gina (6;1)	40
5.3.1	Beobachtungen	40
5.3.2	Interpretation	41
5.3.3	Förderhinweise	41
5.4	Fallbeispiel 3: Damian (6;0)	42
5.4.1	Beobachtungen	42
5.4.2	Interpretation	43
5.4.3	Förderhinweise	43
6	**Anwendung bei verschiedenen Zielgruppen**	**44**
6.1	Anwendung im Kindergarten	44
6.2	Anwendung in der Regelschule	45
6.3	Anwendung in der Schule für Lernbehinderte	45
6.4	Anwendung in der Schule für geistig Behinderte	46
6.5	Fazit	46
7	**Schlussbemerkungen**	**47**
8	**Literaturverzeichnis**	**48**
	Beobachtungsbogen (Kopiervorlagen)	**51**

Zugunsten der Lesbarkeit ist in den Texten überwiegend von Praktikern, Heilpädagogen, Lehrern usw. die Rede. Selbstverständlich sind auch die Praktikerinnen, Heilpädagoginnen, Lehrerinnen usw. angesprochen.

1 Vorwort

Seit längerer Zeit liegen Stufenmodelle zum Schriftspracherwerb vor, die uns recht anschaulich darlegen, wie ein Kind sich sukzessive an unsere Normorthographie annähert. Weiter Verbreitung erfreut sich z.B. das Stufenmodell von *Günther* (1995), welches er in Anlehnung an *Frith* (1986) vorgelegt hat. Ein großer Vorteil dieser Modellvorstellungen ist, dass der Schriftspracherwerb bis weit in die vorschulische Zeit zurückverfolgt werden kann und den Betreuungspersonen rund um das schriftspracherwerbende Kind Orientierungspunkte bietet, welche Phasen das Kind durchlaufen wird und wo es sich zurzeit gerade befindet. Letzteres setzt natürlich Beobachtungsinstrumentarien voraus, die die oben genannten Modellphasen beim einzelnen Kind sichtbar machen. Solche Instrumentarien liegen, was den *Schreib*entwicklungsprozess betrifft, auch schon in genügender Anzahl vor und erfreuen sich in der Praxis großer Beliebtheit (z.B. die systematische Lernbeobachtung von *M. Dehn* [1988] oder die Hamburger Schreibprobe von *P. May* [1998] u.a.).

Verständlicherweise fragten Praktiker nach ähnlichen Verfahren für die *Lese*entwicklung. So entstand die Idee, sich zusammen mit Studierenden intensiver mit der Leseentwicklung von Kindern im Schriftspracherwerb zu beschäftigen. Besonderen Stellenwert erhielt dabei die Frage, wie man die Leseentwicklung der einzelnen Kinder besser erfassen und begleiten kann. Es geht also um die Entwicklung eines diagnostischen Instrumentariums zur frühen Erfassung von Leseleistungen.

Tatsächlich ist der Kenntnisstand bezüglich der Leseentwicklung von Kindern im Vergleich zur Schreibentwicklung ungenauer. Logischerweise resultiert daraus, dass auch weniger lernprozessbegleitende Verfahren zur Lernstandsmessung vorliegen. Vielleicht liegt das auch in der Natur der Sache, da Lesen im Vergleich zum Schreiben nun mal ein recht flüchtiger Prozess ist. Während beim Schreiben naturgemäß das Resultat schwarz auf weiß festgehalten ist, muss man, um die Leseleistung zu erfassen, sie mit dem Tonband aufnehmen und anschließend transkribieren. Erst dann kann man eine genaue Analyse vornehmen.

Es galt also ein theoriegeleitetes Instrumentarium zu entwickeln, welches möglichst lernprozessbegleitend die individuellen Leseleistungen der Kinder erfasst. Dabei sollte der Einsatzbereich (Kindergarten, Regelschule, Sonderschule) möglichst breit sein und dementsprechend schulischen Heilpädagogen, Logopäden, Schulpsychologen, Spezialllehrkräften wie Legasthenietherapeuten usw., aber auch interessierten Regelschullehrern in ihrer täglichen Arbeit mit den lesen lernenden Kindern eine Hilfestellung sein. Nicht zuletzt sollte das zu entwickelnde Screeningverfahren im Vorgehen sowohl für die Kinder als auch für die durchführende Betreuungsperson ansprechend sein. Die Kinder sollten sich während der Durchführung möglichst wenig getestet fühlen.

Die Entwicklung dieses Hilfsmittels zur Erfassung früher Leseleistungen wurde als abteilungsübergreifendes Projekt am Heilpädagogischen Institut der Universität Freiburg/Schweiz geplant und über einige Jahre realisiert. Zahlreiche Studierende der schulischen Heilpädagogik und der Logopädie/Sprachheilpädagogik haben schriftliche Hausarbeiten verfasst. Sie alle lieferten wichtige Bausteine, die schließlich durch die beiden Autoren zu einem Ganzen zusammengefügt wurden.

Wir danken für die guten und wertvollen Vorarbeiten Nicole Brunner, Regula Elmiger, Sandra Fritschi, Karin Fuchs, Sabine Guggisberg, Barbara Knapp, Anja Kuonen, Maria Angela Leanza, Anja Michlig, Franziska Mürset, Matthias Rackl, Ruth Schweizer, Gisela Stadler, Bettina Tribolet, Manuela Troi und Cornelia Wermeille. Die gestalterischen Arbeiten an der in den Vorarbeiten und Erprobungen verwendeten Ausführung des Bilderbuchs *Dani hat Geburtstag* wurden von Urs Zeltner mit großer Sorgfalt und mit viel Liebe zum Detail geleitet.

Freiburg i. Ue., im Oktober 2002

Albin Niedermann
Martin Sassenroth

Hinweis:
Das Instrument *Lesestufen* wurde in der Schweiz in verschiedenen Untersuchungen evaluiert. Zitate aus diesen Untersuchungen beziehen sich auf die schweizerische Ausgabe von *Dani hat Geburtstag*, in der zum Teil andere Logos als in der deutschen Version abgebildet sind (z.B. *Coop* statt *Aldi*). Schweizerdeutsche Zitate werden an den betreffender Stelle in eckigen Klammern übersetzt.

2 | Theoretischer Bezugsrahmen

2.1 Das Phasenmodell im Überblick

Unser Modell stützt sich insbesondere auf die Leseerwerbsmodelle von *Scheerer-Neumann* (1995), *Günther* (1995) und *Brügelmann* ([2]1986). Es unterteilt die kindliche Leseentwicklung in sieben Phasen, welche aufeinander aufbauen. Jede Phase ist durch typische Strategien charakterisiert, die das Kind im Umgang mit Geschriebenem vorwiegend nutzt. Bereits Gelerntes wird in den folgenden Entwicklungsschritt integriert. Die Phasen erstrecken sich vom Betrachten von Bilderbüchern bis hin zum automatisierten Lesen. Die Leseentwicklung setzt demnach gemäß diesem Modell bedeutend früher ein als, wie von der traditionellen Leseforschung vertreten, erst mit der Technik des Buchstabenlesens. Gerade die frühen Phasen des Schriftspracherwerbs werden in der neueren Literatur als sehr wichtig betrachtet und stellen nach einigen Autoren sogar einen Indikator für den Grad der Beherrschung der späteren Lese- und Schreibtätigkeit dar (vgl. *Sassenroth* [4]2001, 42–61).

Phase 7: flüssiges Lesen
Automatisierung der Lesestrategien
Flexible Anwendung der Verarbeitungseinheiten
Lesesinnverständnis im Zentrum

Phase 6: fortgeschrittenes Erlesen
Segmentation des Wortes in Verarbeitungseinheiten
Lesesinnverständnis im Hintergrund

Phase 5: vollständiges Synthetisieren
Kontext wird als Entschlüsselungshilfe gemieden

Phase 4: erste Graphem-Phonem-Korrespondenzen (GPK)
Auditive Diskrimination der Laute
Kontext als Entschlüsselungshilfe

Phase 3: logographemische Leistungen
Benennen des Wortes anhand einzelner Grapheme aufgrund visueller Merkmale
Kontext als Entschlüsselungshilfe

Phase 2: logographische Leistungen
Benennen von Firmenzeichen/Emblemen und Wörtern mit speziellem Schriftzug
Kontext als Erkennungshilfe

Phase 1: präliteral-symbolische Leistungen
Sinnvoller Umgang mit Bilderbüchern
Vorstellung von Schrift

Leseentwicklungsphasen (in Anlehnung an *Scheerer-Neumann* 1990)

Es muss darauf verwiesen werden, dass die Phasen in der Realität weniger klar abgrenzbar vorzufinden sind, als das Modell vielleicht suggerieren mag. Es wird sicherlich häufig so sein, dass sich ein Kind in mehreren Phasen gleichzeitig befindet. Dennoch gibt es gute Anhaltspunkte, in welchem Bereich sich das einzelne Kind mehrheitlich befindet bzw. mit welcher Strategie es den Lesestoff zu bewältigen versucht. Mit diesem Modell liegt ein Orientierungsrahmen für die Förderperson vor, anhand dessen sie nach einer sorgfältigen Diagnose dem lesen lernenden Kind geeignete Anreize oder Hilfen für die weitere Entwicklung geben kann. Ferner lassen sich mithilfe dieses Modells im Falle einer Stagnation der Leseentwicklung Hypothesen über deren mögliche Ursachen formulieren und entsprechende Fördermaßnahmen ergreifen.

2.2 Beschreibung der einzelnen Phasen

2.2.1 Phase 1: Präliteral-symbolische Leistungen

- **Umgang mit Bildergeschichten und Bilderbüchern**
- **Unterscheidung von Schrift und Bildern**

Die erste Phase des Stufenmodells beschreibt die rudimentären Erfahrungen, die ein Kind bereits im Umgang mit Bilderbüchern und Geschriebenem gesammelt hat. Viele Kinder erwerben sich schon in Vorlesesituationen viel (implizites) Wissen über die Schriftsprache. So stoßen sie neben den inhaltlichen Aspekten von Schriftsprache (Nutz- und Gebrauchswert oder kommunikative Funktion) schon auf viele formale Aspekte unserer Schrift. Vielleicht werden sie auf die Schreibrichtung unserer Schrift aufmerksam; sie erfahren, dass in Büchern häufig Handlungen erzählt werden; sie lernen, wo das Buch beginnt, und eventuell erfragen Kinder schon einige Buchstaben usw. Vielleicht bilden einige Kinder sogar schon erste (naive) Hypothesen darüber, wie Lesen und Schreiben wohl formal funktionieren mögen.

In dieser Phase sind die Kinder mehrheitlich auch schon in der Lage, Buchstaben von Bildern zu unterscheiden. Möglicherweise können einige Kinder auch bereits einige Buchstabenformen (etwa /P/ /B/ /R/) visuell voneinander unterscheiden. Diese Unterscheidung beruht aber nicht auf Buchstabenkenntnissen – die Schriftzeichen sind noch nicht als Buchstaben bekannt –, sondern auf einer rein visuellen Differenzierung der Formen. Die Kenntnis der Zeichenbedeutung fehlt den Kindern noch.

Es erscheint uns an dieser Stelle sehr wichtig, darauf hinzuweisen, dass nicht alle Kinder im Vorschulalter hinsichtlich der oben aufgeführten Leistungen schon über sehr weitreichende Kenntnisse verfügen müssen. Angesichts derjenigen Kinder, die noch sehr wenig mit Bilderbüchern bzw. Schrift überhaupt in Berührung gekommen sind – z.B. Kinder aus anderen Kulturkreisen –, wäre das eine falsche Erwartung. Es ist jedoch wichtig, dass auch solchen Kindern mit geringen vorschulischen Erfahrungen im Bereich der Schriftsprache Rechnung getragen wird und ihnen die entsprechenden Lernangebote gemacht werden, um eine Überforderung beim Erwerb der Schriftsprache zu verhindern.

2.2.2 Phase 2: Logographische Leistungen

- **Benennen von Firmenzeichen/Emblemen und Wörtern mit speziellem Schriftzug**
- **Kontext als Erkennungshilfe**

In der Phase 2 werden die Kinder auf Schriftzeichen in ihrer Umwelt aufmerksam. So beginnen sie, Firmenzeichen oder -embleme und Wörter mit speziellem Schriftzug wie *Coca-Cola, DB* usw. zu benennen. Das korrekte Benennen dieser Schriftzüge darf jedoch nicht als Lesen verstanden werden, denn den Kindern sind die einzelnen Grapheme noch nicht bekannt. Vielmehr orientieren sie sich an Emblemen, d.h. typischen Logos. Dabei dienen häufig schriftirrelevante Zeichen wie z.B. der Äskulapstab im Zusammenhang mit der Apotheke als Erkennungsmerkmale.

Oft wird nicht der Produktname *(Coca-Cola, Colgate)*, sondern der im kindlichen Umfeld verwendete Ausdruck *(Coci)* oder der Oberbegriff *(Zahnpasta)* verwendet. Im Gegensatz zur nächsthöheren Phase ist es für diese Phase bezeichnend, dass die Kinder die Bedeutung der Embleme nur erfassen, wenn sie ihnen im Original präsentiert werden. Lässt man ein Element weg, z.B. den farbigen Hintergrund, können die Embleme nicht mehr erkannt werden.

In dieser Phase ist den Kindern auch noch nicht klar, dass Wörter aus ihrem Kontext gelöst werden können: Es ist möglich, dass sie ein bekanntes Wort in einem anderen Umfeld nicht wiedererkennen, dass sie beispielsweise *STOP* auf dem Verkehrsschild, nicht aber als Pulloveraufdruck erkennen. Ihr »Lesen« ist dementsprechend sehr kontextgebunden.

Für das spätere Erlesen sind diese Embleme zwar irrelevant, jedoch signalisiert deren Beachtung bereits einen entscheidenden Schritt auf dem Weg zur Schrift: Ein Kind, das *Aldi* als Emblem »lesen« kann, zeigt schon ein gewisses Symbolverständnis, welches über das reine Benennen eines abgebildeten Gegenstandes hinausgeht: Eine Zeichnung ist das Abbild eines realen Gegenstandes, während das Emblem willkürlich gewählt ist und etwas repräsentiert, was ihm visuell nicht ähnlich ist.

2.2.3 Phase 3: Logographemische Leistungen

- **Benennen des Wortes anhand einzelner Grapheme aufgrund visueller Merkmale**
- **Kontext als Entschlüsselungshilfe**

Bald können die Kinder auch schon Wörter ohne besondere Embleme erkennen. Dabei handelt es sich, wie bereits in der vorhergehenden Phase, nicht um eine Leseleistung, da das Kind noch kaum über Buchstabenkenntnisse verfügt. Es ist nach wie vor eine Leistung des Benennens, wobei das Kind unmittelbar bekannte Wörter (z.B. den eigenen Namen) identifiziert, indem es sich an charakteristischen Details der Wortbilder orientiert.

Demnach ist weniger das Wortbild als Ganzes bedeutsam für diese Strategie als vielmehr einzelne Merkmale, an denen sich das Kind orientiert, z.B. die Wortlänge, auffällige Buchstaben oder die Stellung der Buchstaben im Wort.

Das Worterkennen auf der Basis von Buchstaben ist stark vom Kontext abhängig, denn die wenigen Buchstabenmerkmale, die das Kind auswählt, reichen für die Unterscheidung ähnlicher Wörter nicht aus. Die wichtigste Kontexthilfe ist die konkrete Situation, in die das Wort eingebettet ist, z.B. das Schild auf dem Taxi. Folgendes Beispiel veranschaulicht eine mögliche Verwechslung bei fehlender Kontexthilfe:

»Marc (2;4) zeigt auf den Pullover seiner Mutter und sagt: ›PTT‹. Auf dem Pullover steht aber das Wort ›Paper‹. Marc kennt das Logo ›PTT‹ von den [schweizerischen] Postautos (er ist ein grosser Fan von Postautos!). Er hat sich wohl am grossen /P/ orientiert und schliesst somit von ›Paper‹ auf ›PTT‹.« *(Brunner et al.* 1997, 21)

Diese Phase kann in Anlehnung an *Günther* (1995) als so genannte *Look and say-Methode* bezeichnet werden. Das Kind orientiert sich an einem oder mehreren graphischen bzw. graphemischen Elementen und schließt auf die Bedeutung des ganzen Wortes.

2.2.4 Phase 4: Erste Graphem-Phonem-Korrespondenzen (GPK)

- **Auditive Diskrimination der Laute**
- **Kontext als Entschlüsselungshilfe**

Der Übergang von der 3. zur 4. Phase fällt mit einem wesentlichen und für den Schriftspracherwerb entscheidenden Strategiewechsel zusammen. Das Kind entdeckt nach und nach die Lautorientierung unserer Schriftsprache. Es lernt, dass unsere Grapheme einen Lautwert symbolisieren. Nachdem es bis dahin die Buchstaben rein visuell voneinander unterschieden hat, kennt es nun zunehmend die verschiedenen Lautwerte sowie eventuell die Buchstabennamen. In der 4. Phase eignet sich das Kind also erste Graphem-Phonem-Korrespondenzen an.

In dieser Phase sind die Möglichkeiten des Kindes noch auf das Benennen der einzelnen Buchstaben beschränkt. Wirklich lesen im Sinne eines Zusammenschleifens der Buchstaben, der Synthesebildung, kann das Kind noch nicht.

Wurde in Phase 3 das Wort *Post* noch aufgrund der auffallenden Gestalt des /P/ erkannt, so wird dasselbe Wort nun benannt, weil das Kind dem Buchstaben /P/ den richtigen Lautwert /p/ zuordnen kann.

Diese Leistung erfordert eine auditive Diskriminationsfähigkeit, d.h. die Fähigkeit, einzelne Laute aus einem Wort herauszuhören. Das Kind »liest« also in dieser Phase ein Wort, indem es einzelnen Buchstaben Lautwerte zuordnet und beim Vorsprechen des Wortes einzelne Laute heraushört.

Die Kinder entdecken, dass verschiedene Wörter einzelne Buchstaben gemeinsam haben *(Toto, Lotto)*. Um die Wörter graphisch voneinander zu unterscheiden, orientieren sie sich vor allem an markanten Zeichen, der Wortlänge oder benutzen den ersten Buchstaben als Ankerpunkt.

Auch in dieser Phase spielt der Kontext eine wichtige Rolle als Erkennungshilfe. Er ist neben den visuellen Merkmalen und den ersten lautlichen Hilfen (GPK) die dritte wichtige Informationsquelle beim Erkennen eines Wortes.

Diese Phase ist in Anlehnung an *Günther* (1995) als allmählicher Übergang von einer noch logographemischen zu einer eher alphabetischen Strategie zu bezeichnen. Einerseits kennt das Kind schon einzelne Lautwerte (also alphabetische Strategie), andererseits verwendet es durch das Dazuassoziieren des Wortrests noch eine eher logographemische Strategie. Es hat sich demnach noch nicht ganz von der *Look and say-Methode* gelöst.

2.2.5 Phase 5: Vollständiges Synthetisieren

- **Der Kontext wird als Entschlüsselungshilfe gemieden**

Phase 5 ist als weitere große Hürde in der Entwicklung der Lesefertigkeit zu begreifen. Aus dem Benennen einzelner lautlicher Elemente entwickelt sich nun eine rein erlesende, synthetisierende Strategie. Kern dieser Strategie ist die Übersetzung einzelner Buchstaben in Laute und deren Zusammenschleifen. Dies ist für ein Kind ein sehr mühsamer, langwieriger und schwer zu begreifender, aber auch ein schwer vermittelbarer Prozess, was nachfolgendes Beispiel verdeutlicht.

»Kai liest: ›SS So:So:So::ne:Sonn(e)‹« (*Scheerer-Neumann* 1990, 258). Von den in der vorhergehenden Phase wichtigen drei Informationsquellen (GPK, Kontext und visuelle Merkmale) wird nun die lautliche Information (GPK) vorrangig verwendet. Dies zeigt sich unter anderem darin, dass das Kind eigentlich bereits bekannte Wörter erliest, als ob sie unbekannt wären (z.B. den eigenen Namen).

»Pascal liest ›PASCAL‹:

17. November:	›oh, mein Name!‹
24. November:	›ah, Pascal!‹
8. Dezember:	›P(e)a:s
	Pa::s-cal‹
15. Dezember:	nach Pause:
	›Pascal, wusst ich doch!‹
12. Januar:	›Pas-cal‹
26. Januar:	›Pa:l /Pascal‹«

(*Scheerer-Neumann* 1990, 263[1]).

Der Entwicklungsschritt zum vollständigen Synthetisieren eröffnet dem Kind die Möglichkeit, unbekannte Wörter selbstständig zu erlesen. In dieser Phase sind aber noch Schwierigkeiten in der Synthesebildung zu verzeichnen. Wie oben schon angesprochen, beinhaltet das Synthetisieren eine große Abstraktionsleistung, da der Einzellautwert in nicht zusammengeschliffener Form anders tönt und zudem der Buchstabenname dem Synthetisieren im Wege stehen kann (*das* wird z.B. als *de-as* gelesen). Ferner verändert sich der Klang gewisser Laute im Wortzusammenhang (*Ofen/offen, Esel*) und erschwert das Verständnis.

Der bildliche Kontext wird bei diesem ersten Erlesen in der Phase 5 oft regelrecht gemieden, da das Entziffern der einzelnen Grapheme die volle Aufmerksamkeit verlangt. Deshalb kann es auch geschehen, dass das Kind eine synthetisierte Vorform nicht als Annäherung an ein bekanntes Wort erkennt:

»Andrea liest. Mit hoher Konzentration fixiert sie das Wort, das als Wortkarte vor ihr liegt. Sie formt die Lippen und benennt leise lautierend die einzelnen Grapheme. Mehrmals versucht sie daraus leise für sich ein Wort zu formulieren. Dann blickt sie auf, etwas ratlos und verlegen, und sagt: ›Ich lese da immer Nagel‹ (/Na:ge:l/)« (*Kretschmann* 1987, 200).

Der bildliche und grammatikalische Kontext erhalten nach dem reinen Synthetisieren eine neue wichtige Funktion: Sie dienen der Rückmeldung (*Gibt das, was ich gelesen habe, einen Sinn?*) und helfen außerdem mit, von der synthetisierten Vorform zum Wort zu gelangen. Folgendes Beispiel veranschaulicht dies:

»Karin (9;0) hat zu einem Bild folgenden Satz als Textvorlage: ›Der Mann findet einen Schatz.‹ Sie liest den Satz. Das Wort ›Schatz‹ liest sie als ›Sch-u‹. Mit einem Blick auf das Bild korrigiert sie sich: ›Ah nei, de Maa findet än Schatz!‹ [›Ah nein, der Mann findet einen Schatz!‹]« (*Brunner* et al. 1997, 30).

[1] »:« bedeutet Vokal gedehnt gelesen.
»-« bedeutet Laute unverbunden artikuliert bzw. Pausen zwischen Silben etwas länger als beim normalen Sprechen.
»(e)« bedeutet: abgeschwächtes <e> oder Schwa.

2.2.6 Phase 6: Fortgeschrittenes Erlesen

- **Segmentation des Wortes in Verarbeitungseinheiten**
- **Lesesinnverständnis im Hintergrund**

Der Vorgang des Erlesens erfolgt nun bereits schneller und leichter. Bisher wurde jedes einzelne Graphem in eine gesprochene Einheit übersetzt, nun bildet das Kind aus Buchstabengruppen bestehende Verarbeitungseinheiten, was auch Segmentierung genannt wird. Diese werden im Folgenden dargestellt:

- *Einzelne Buchstaben:* Sie bilden die kleinsten Verarbeitungseinheiten. Dem Einzelbuchstaben wird der Einzellaut zugeordnet (z.B. /A/ und /a/).
- *Buchstabengruppen:* Sie sind die nächstgrößere Verarbeitungseinheit und bilden zusammen ein Graphem, welchem wieder die lautliche Entsprechung (Phonem) zugeordnet werden kann (z.B. /au/, /ch/, /sch/).
- *Sprechsilben:* Diese Verarbeitungseinheit setzt sich aus Buchstabengruppen zusammen, die eine Silbe bilden, aber selbst keine Bedeutung haben (z.B. *hal* und *ten* in *halten*, *au* und *to* in *Auto*).
- *Morpheme:* Morpheme sind kleinste bedeutungstragende Einheiten. Auch sie werden als Verarbeitungseinheiten beim Lesen genutzt (z.B. taucht das Stammmorphem *back* in *backen* oder in *Bäcker* oder *einbacken* auf.

- *Signalgruppen:* Signalgruppen sind häufig vorkommende Buchstabenfolgen, die aber keine Silbe und kein Morphem bilden (z.B. *itz* in *Rehkitz, Hitze* und *sitzen* oder *ack* in *hacken, Macke* und *Sack*). Sie setzen sich meist aus einem Vokal und nachfolgender Schärfung zusammen.
- *Ganzworterfassung:* Wird ein ganzes Wort zu einer Verarbeitungseinheit, so spricht man von einem Sichtwort. Sichtwörter sind diejenigen Wörter, welche aufgrund häufigen Lesens so gut bekannt sind, dass sie rasch abgerufen und gelesen werden können.

Noch ungeübte Leser wählen zuerst kleine Verarbeitungseinheiten, z.B. einzelne Buchstaben. Mit zunehmender Lesefertigkeit nehmen die Verarbeitungseinheiten an Größe zu, es werden z.B. ganze Wörter gelesen. Ergibt das mithilfe größerer Verarbeitungseinheiten gelesene Wort keinen Sinn, so wird wiederum auf kleinere Segmente zurückgegriffen.

Segmentiert das Kind in längere Verarbeitungseinheiten, ermöglicht dies die Vergrößerung der im Kurzzeitgedächtnis zu speichernden Einheiten, so genannten *Items*. Die Zahl der darin speicherbaren Items wird auf sieben geschätzt, wobei die Grenze bei Kindern mit Lernschwierigkeiten tiefer liegen dürfte. Bestehen die Verarbeitungseinheiten eines Wortes aus einzelnen Buchstaben, so müssen viel mehr Items im Kurzzeitgedächtnis gespeichert werden, als wenn das Wort in größere Buchstabengruppen unterteilt wird. Es besteht sogar die Gefahr, dass die Anfangsbuchstaben vergessen werden, bevor das Wort vollständig segmentiert ist. Für eine anzustrebende flüssige Leseleistung ist das flexible Umgehen mit verschiedenen Verarbeitungseinheiten unerlässlich und erhält dementsprechend in modernen Erstlesewerken wie z.B. in *Das Buchstabenschloss* (*Meiers* ³2001) einen hohen Stellenwert.

Nicht jedes Kind verwendet jedoch alle Verarbeitungseinheiten gleichermaßen. Es gibt individuelle Präferenzen für gewisse Segmentationsstrategien. Auch wird ein bestimmtes Wort nicht von jedem Kind identisch segmentiert. Vielmehr wählt jedes Kind diejenige Strategie, die es im Moment als die effizienteste betrachtet.

Es ist schwierig, herauszufinden, welche Verarbeitungseinheiten das Kind tatsächlich verwendet, wenn es liest. Ein kurzes Innehalten beim Erlesen kann Hinweise auf mögliche Segmentationsstrategien geben: »Inbal (8;10) liest das ihr unbekannte Wort ›Instruktion‹: ›Inn. Was? Inn struu ktion?‹ Die gedehnt ausgesprochenen Laute /n/ und /u/ lassen den Schluss zu, dass Inbal beim Lesen dieses Wortes folgende Segmentation bildet: In/stru/ktion« (*Brunner et al.* 1997, 34).

Obschon in dieser Phase bereits schwierige Wörter gelesen werden können, ist die Aufmerksamkeit immer noch stark auf das Erlesen gerichtet, und die Lesetechnik sowie das Lesesinnverständnis sind damit eingeschränkt.

2.2.7 Phase 7: Flüssiges Lesen

- **Automatisierung der Lesestrategien**
- **Flexible Anwendung der Verarbeitungseinheiten**
- **Lesesinnverständnis im Zentrum**

In der siebten Phase erwirbt das Kind keine neuen Fertigkeiten. Der Schwerpunkt dieser Phase liegt in der Verbesserung der bereits erworbenen: Die Übersetzung der Grapheme bzw. größerer Verarbeitungseinheiten wird zunehmend automatisiert und benötigt daher weniger Aufmerksamkeit.

Dies ermöglicht es dem Kind, sich auf den Inhalt des Geschriebenen zu konzentrieren (Lesesinnverständnis). Der Kontext dient nun nicht mehr nur der Rückmeldung, wie dies in Phase 5 der Fall war, sondern wird jetzt aktiv für die Hypothesenbildung bezüglich der Weiterführung eines Wortes, Satzes oder Textes verwendet. Es treten nun vermehrt Selbstkorrekturen auf. Folgendes Beispiel soll die Bildung von semantischen (inhaltlichen) und syntaktischen (grammatikalischen) Hypothesen während des Lesens veranschaulichen und zeigt die sehr komplex und blitzschnell verlaufenden internen gedanklichen Prozesse auf:

»Ein Schüler liest laut den Satz: ›Im Monat Juni wurden in unserer Stadt sechs Kinder von Autos angefahren.‹ Vorher hat er gelesen, dass das Spielen auf der Strasse gefährlich sei. Wahrscheinlich identifiziert er rasch das Kleinwort ›Im‹. ›Monat‹ wird vielleicht in der Segmentation der Silben ›Mo-‹ und ›nat‹ erlesen. ›Monat‹ ruft einer bestimmten Erwartung, nämlich der Nennung eines bestimmten Monats. Deshalb werden vielleicht aus der Gestalt ›Juni‹ nur wenige Informationen entnommen, um eine Angleichung an das dem Schüler bekannte Wort zu vollziehen ... Mit den ersten erlesenen Wörtern ›im Monat Juni wurden‹ ist bereits ein Satzbild geformt worden. Es wird ein Aussagesatz, kein Frage- und kein Befehlssatz erwartet ... Das weiterführende Lesen ist nun eine Ergänzung dieser begonnenen Aussage. Es bahnen sich gewisse Erwartungen an aus der Vorinformation über das gefährliche Spiel auf der Strasse (semantische Restriktion). Diese Erwartung kann sich auswirken auf die Identifikation der Wörter ›Autos‹ und ›angefahren‹. Die Vorerwartung verhindert vielleicht das Lesen von ›ausgefahren‹, ›abgeführt‹ und anderen visuell ähnlichen Wortstrukturen. Das vorher gelesene ›wurden‹ lässt vielleicht auch ein Partizip erwarten (syntaktische Restriktion). Die Lesekonstruktion von ›angefahren‹ wird als stimmig befunden im Rahmen der Vorinformation über das gefährliche Spielen auf der Strasse und die vorher gelesene Passage ›sechs Kinder von Autos‹. Damit ist die Hypothesentestung vollzogen worden.« (*Grissemann* 1996, 29–30)

Kinder, die diese Stufe im Leseerwerbsprozess erreicht haben, gelten meist als gute Leser. Sie sind flexibel im Umgang mit verschiedenen Verarbeitungseinheiten. So ist es ihnen möglich, je nach Anforderung die eine oder andere Segmentationsweise zu verwenden.

Im Allgemeinen fassen geübte Leser Wörter zu größeren Verarbeitungseinheiten zusammen. Komplizierte Wörter erfordern aber auch wiederum kleinere Verarbeitungseinheiten, etwa wenn im Extremfall die Beipackzettel von Medikamenten gelesen werden müssen. Selbst sehr versierte Leser werden dann wieder gezwungen, auf sehr kleine Verarbeitungseinheiten zurückzugreifen (vgl. hierzu auch die Ausführungen zu Phase 6).

2.3 Phasenübergänge – Voraussetzungen und mögliche Hindernisse

2.3.1 Vorbemerkungen

Im Zusammenhang mit möglichen Problemen in der Leseentwicklung sind vor allem die Phasenübergänge als kritisch zu bezeichnen. Der Wechsel von einer Phase zur nächsthöheren ist immer mit einem Strategiewechsel verbunden. In der Regel treten bei normal entwickelten, gut motivierten Kindern selten Probleme auf. Das Kind sammelt während einer gewissen Zeit mit einer phasenspezifischen Strategie Erfahrungen, bis es auf Grenzen stößt. Es erkennt nun die Unzulänglichkeiten der verwendeten Strategie, wodurch es motiviert wird, nach neuen, besseren Strategien zu suchen. So vollzieht das Kind nach und nach einen Phasenwechsel. Das bereits angeeignete Wissen wird in die neue Phase integriert. Beim Lesenlernen stellt das Kind also Hypothesen auf, erprobt, erweitert und verwirft sie wiederum. Die treibende Kraft ist dabei der Wunsch des Kindes, Neues zu lernen und Bekanntes auszudifferenzieren (*Sassenroth* [4]2001, 47).

Weit entwickelte Kinder werden das ohne große Hilfe von außen unternehmen. In diesem Zusammenhang sei auf das Phänomen der Frühleser verwiesen, die ohne Unterweisung durch eigenaktives Fragen diese Strategiewechsel durchlaufen (vgl. *Neuhaus-Siemon* 1989). Viele Kinder müssen aber auf diesem Weg unterstützt werden; gerade diejenigen Kinder, die (noch) ohne Leselernmotivation und dementsprechend wenig eigenaktiv bezüglich des Lesenlernens sind.

Hieraus wird ersichtlich, dass es diagnostisch besonders wichtig ist, die Phasenübergänge genau zu beobachten. An diesen

Stellen haben Kinder mit Schwierigkeiten in der Lese- und Schreibentwicklung besondere Probleme, und es besteht die Gefahr, dass der Leselernprozess ins Stocken gerät oder gar stagniert. Bei dem folgenden Kurzüberblick über die verschiedenen Übergänge bzw. Strategiewechsel werden Überlegungen zu den folgenden Fragen angestellt:
- Wodurch könnte der Übergang von der einen zur nächsten Phase initiiert werden?
- Welche Fertigkeiten sind notwendig für die jeweiligen Phasenübergänge und welche Faktoren können sich hindernd darauf auswirken?

In der neueren Literatur werden je nach Forschungsansatz unterschiedliche Faktoren für Schwierigkeiten im Schriftspracherwerb verantwortlich gemacht. Im Wesentlichen unterscheidet man drei Ansätze, wobei natürlich Überschneidungen in den theoretischen Konzepten auszumachen sind. Der erste Ansatz legt den besonderen Schwerpunkt auf die so genannte Informationsverarbeitung. Schwierigkeiten im Leseprozess werden in den Bereichen Gedächtnis und Wahrnehmung oder in weiteren Basisleistungen gesehen. Der zweite Ansatz setzt diese Basisleistungen voraus und versteht den Leseprozess als Verknüpfung von Teilprozessen. Für Schwierigkeiten im Erwerbsprozess werden also nicht die Basisleistungen im engeren Sinn verantwortlich gemacht, sondern eher wird der ausschlaggebende Faktor in der Verarbeitung auf höherer Ebene gesehen. Der dritte Forschungsansatz beschäftigt sich vorwiegend mit der Eruierung der persönlichen Erfahrung des Kindes, welches sich mit Schriftsprache auseinander setzt, und versucht aufzuzeigen, wie sich die persönlichen, oft sehr spezifischen Erfahrungen des Kindes zu einem Konzept verdichten. Damit ist der Fokus dieses Forschungszweigs auf die persönliche Rekonstruktion des Gegenstands gerichtet (*Brügelmann* 1989, 188 f.).

Im Folgenden sollen einige Ergebnisse der oben aufgezeichneten Forschungsansätze mit den Schwierigkeiten mancher Kinder bei den verschiedenen Phasenübergängen in Verbindung gebracht werden. Insbesondere soll auf Voraussetzungen in den Wahrnehmungsleistungen (Ansätze 1 und 2) sowie im Bereich der Kognition[2] (Ansätze 2 und 3) verwiesen werden. Bei letzterem Aspekt wird vor allem die Zunahme der so genannten metasprachlichen Kompetenz im Fokus der Betrachtung stehen; d.h., es muss eruiert werden, inwieweit das Kind in der Lage ist, schon über den Zusammenhang von Sprache und Schrift nachzudenken.

[2] »Kognition: Sammelbezeichnung für alle Vorgänge oder Strukturen, die mit dem Gewahrwerden und Erkennen zusammenhängen, wie Wahrnehmung, Erinnerung, Vorstellung, Begriff, Gedanke, aber auch Vermutung, Plan, Erwartung« (*Franke* 1994, 100).

2.3.2 Übergang zu Phase 1

Für die erste Phase der Leseentwicklung sind das Betrachten von Bilderbüchern sowie die ersten Vorstellungen des Kindes über die Bedeutung der Schrift zentral. Dafür muss die visuell-räumliche Wahrnehmung intakt sein. *Zollinger* (1989, 1390 f.) beschreibt Kinder mit visuell-räumlichen Wahrnehmungsstörungen, die oft lediglich die Funktion des Blätterns zeigen, die Bilder jedoch kaum betrachten und sie oft fehlerhaft benennen, weil ihnen die Gestaltwahrnehmung Probleme bereitet. Es ist davon auszugehen, dass zumindest diese Kinder schon zu diesem frühen Zeitpunkt der Leseentwicklung vor einer ersten großen Hürde stehen, da für sie Abbildungen in Büchern keinen hohen Informationswert besitzen.

2.3.3 Übergang zu Phase 2

Die zweite Phase ist durch das Erkennen von Emblemen charakterisiert. Dies erfordert eine weitere Abstraktionsfähigkeit und Symbolverständnis. Letzteres ermöglicht es dem Kind, den Emblemen Bedeutungen zuzuschreiben. Allmählich kristallisiert sich das Wissen heraus, dass die Embleme willkürlich gewählt sind und visuell nichts mit dem repräsentierten Gegenstand gemeinsam haben müssen. Ohne das Bewusstsein um den Symbolgehalt der Embleme haben diese für die Kinder keinen Aufforderungscharakter. Hier liegt aber genau das Problem der Kinder mit visuell-räumlichen Wahrnehmungsstörungen. Diese können sich hindernd auf die Symbolbildung und damit auf das Erkennen der Embleme auswirken (*Zollinger* 1989, 1387 f.). Embleme und Zeichen haben dementsprechend für ein Kind mit den beschriebenen Problemen keinen hohen Reiz und bleiben länger uninteressant als für andere Kinder.

2.3.4 Übergang zu Phase 3

Für das die dritte Phase kennzeichnende Erkennen von Buchstaben aufgrund visueller Merkmale ist abermals die visuell(-räumliche) Wahrnehmung wichtig. Verursacht diese Probleme, ist die Gestaltunterscheidung einzelner Grapheme erschwert.

Im Regelfall erkennt das Kind in dieser Phase nun nicht mehr nur Embleme, sondern auch einzelne Schriftzeichen ohne typische Logos als Symbole. Dies setzt eine noch höhere Abstraktionsleistung voraus. Wir müssen annehmen, dass ein Kind mit den oben beschriebenen Schwierigkeiten die Loslösung vom konkreten Emblem hin zu den reinen Schriftzeichen wesentlich langsamer vollzieht.

Es sei hier aber ausdrücklich darauf verwiesen, dass Wahrnehmungsleistungen immer im Zusammenhang mit Schriftmaterial und dessen Verarbeitung gesehen werden müssen. Dies trifft insbesondere auf die Fördersituation zu, wo isoliertes Training einzelner Wahrnehmungsfunktionen wie etwa der visuellen oder auditiven Wahrnehmung wenig erfolgversprechend ist.

2.3.5 Übergang zu Phase 4

In der vierten Phase eignen sich die Kinder Graphem-Phonem-Korrespondenzen an. Dies setzt das Wissen voraus, dass Grapheme Laute darstellen. Aufbauend auf dem Symbolverständnis entwickelt sich langsam metasprachliches Wissen, d.h. die Fähigkeit, über Sprache und ihre geschriebene Form nachzudenken. Nicht mehr nur der Inhalt von Sprache ist wichtig, sondern auch die Form. In dieser Phase ist es sogar unerlässlich, sich zuerst ganz von der inhaltlichen Bedeutung zu lösen und sich rein der auditiven Analyse zu widmen. Damit haben viele Kinder Probleme, was folgendes Beispiel veranschaulicht: »Werden ... Kinder aufgefordert, ein langes Wort zu nennen, sagen sie z.B.: ›Ein Stuhl – der hat lange Beine.‹ – ›Ein Zug – der hat viele Wagen.‹ ›Ein Bub, der rennt und rennt und rennt, so schnell er kann.‹ Die Frage, was denn ein kurzes Wort sei, beantworten sie wie folgt: ›Ein Gänseblümchen, weil es ganz klein ist.‹ – ›Der Baum fällt um – weil das ganz schnell geht.‹« (*Papandropoulou, Sinclair* 1974, zitiert nach *Sassenroth* ⁴2001, 60)

Offensichtlich verharren diese beschriebenen Kinder noch sehr im Inhalt, in der Bedeutung der Wörter und wenden sich nicht der lautlichen Analyse zu. Vielen Kindern fällt es noch zu Beginn der Schulzeit sehr schwer, vom Inhalt der Wörter zu abstrahieren. Untersuchungen zeigen, dass dies selbst nach einem halben Jahr Schulzeit noch bei sehr vielen Kindern der Fall ist. Nur ein Viertel der Erstklässler können alle Fragen zum Wortbegriff korrekt beantworten (*Valtin et al.* 1986). Die komplexe lautliche Analyse beansprucht die ganze Konzentration des Kindes und darf durch inhaltliche Assoziationen nicht gestört werden.

Im Zusammenhang mit der lautlichen Analyse wird gerade in der letzten Zeit dem Konstrukt der phonologischen Bewusstheit in seiner Bedeutung für einen problemlosen Lese- und Schreiberwerb ein zentraler Stellenwert eingeräumt (u.a. *Marx et al.* 1993, *Küspert* 1998, *Jansen, Mannhaupt, Marx, Skowronek* 1999). Phonologische Bewusstheit bezeichnet »die Bewusstheit für lautliche Elemente unterhalb der Wortebene. Das Kind kann lautliche Unterschiede, Gemeinsamkeiten oder Ähnlichkeiten zwischen Wörtern oder Wortteilen und Wörtern erkennen und nutzen ...« (*Jansen, Marx* 1999, 8).

Viele Kinder im Vorschul- und beginnenden Schulalter haben in diesem Bereich noch ganz erhebliche Mühe und können nur mangelhaft vom Erstlese- und Schreibunterricht profitieren. Sie sind nach *Jansen, Marx* (1999, 8) als Risikokinder bezüglich einer Ausbildung einer Lese- und Rechtschreibstörung zu bezeichnen.

2.3.6 Übergang zu Phase 5

Die fünfte Phase ist durch das Synthetisieren der einzelnen Laute charakterisiert. Metasprachliche Kompetenzen sind für diese Phase zentral. Die Entdeckung, dass Laute zu einem Wort zusammengeschliffen werden, ist dazu Voraussetzung. Auch hier müssen wieder große Abstraktionsleistungen vollzogen werden, da der Lautwert des einzelnen isolierten Lautes wesentlich von demjenigen in der Lautverbindung abweicht. Bis heute ist die Syntheseleistung beim Lesen schwer erfassbar und noch schwerer vermittelbar. Die Laute miteinander zu verbinden, erscheint aus der Erwachsenenperspektive trivial; Kinder können hier aber große Probleme haben, da, wie schon angedeutet, der einzelne Lautwert isoliert anders klingt als in der Lautverbindung.

Ein kleines Experiment mag diesen Sachverhalt verdeutlichen: Vielfach wird Kindern empfohlen, die einzelnen Lautwerte ganz schnell zu nennen, dann würden sich die Laute automatisch zusammenschleifen. Man phoniere einmal *t - a - g* sehr schnell und wird sofort realisieren, dass diese Lautfolge auch in einer sehr schnell gesprochenen Form niemals die zusammengeschliffene Form *Tag* ergibt.

Wir sehen, dass für das Synthetisieren recht hohe Abstraktionsleistungen einschließlich einer genauen auditiven Analyse vonnöten sind.

Zudem darf im Zusammenhang mit dem Zusammenschleifen der Einzellaute nicht vergessen werden, dass die Buchstabennamen mit den Lautwerten nicht übereinstimmen, was bei einigen Kindern zu zusätzlichen Problemen führen kann.

2.3.7 Übergang zu Phase 6

Das Kind unterteilt in der sechsten Phase Wörter in verschiedene Verarbeitungseinheiten. Dieser Schritt ist für viele Kinder schwer zu vollziehen. Es können lediglich Hypothesen darüber aufgestellt werden, weshalb ein Kind keine flexiblen Verarbeitungseinheiten bilden kann. Man nimmt an, dass diese Fertigkeit vor allem Speicherungs- bzw. Merkfähigkeit und Segmentationsfähigkeit voraussetzt (vgl. auch die Ausführungen der Phasenbeschreibungen 6 und 7):

• *Speicherungsfähigkeit:* Ein Kind muss erkennen, dass gewisse Buchstabengruppen in verschiedenen Wörtern unverändert vorkommen (z.B. die Signalgruppe *ett* in *Kette, wetten, klettern*). Diese Buchstabenverbindungen müssen im Langzeitgedächtnis gespeichert werden, damit sie bei späteren Lesegelegenheiten abrufbar sind. Kann das Kind keine oder wenige solcher Buchstabengruppen speichern, und sind folglich während des Lesens keine oder wenige abrufbar, muss das Wort Laut für Laut synthetisiert werden. Dies verzögert den Lesevorgang erheblich.

• *Segmentationsfähigkeit:* Das Kind muss in kürzester Zeit aus der Ganzheit eines Wortes bekannte Teile erkennen können. Fehlt dem Kind diese Fähigkeit, ist es auf das Gesamtbild des Wortes fixiert und kann keine kleineren Verarbeitungseinheiten bilden. Zur Erfüllung dieser komplexen Leistung bedarf es einer Reihe von Wahrnehmungs- und Gedächtnisleistungen, sei es ein guter Rückgriff auf den visuellen Speicher oder die Zuordnung einer lautlichen Teilanalyse zu ihrer graphemischen Entsprechung, um nur einige mögliche Problembereiche zu nennen.

2.3.8 Übergang zu Phase 7

In dieser Phase ist der Lesevorgang automatisiert. Das Kind kann sich nun auf den Inhalt des Geschriebenen konzentrieren. Damit rückt die Sinnentnahme ins Zentrum. Für Phase 7 sind wiederum alle Fertigkeiten der vorausgegangenen Phase 6 Voraussetzung. Zusätzlich ist eine gewisse Flexibilität der Lesestrategie notwendig, da die Verarbeitungseinheiten, je nach Situation, unterschiedlicher Art sein müssen.

Zusammenfassend kann festgestellt werden, dass die Leseentwicklung immer komplexer wird und auf früheren Fertigkeiten aufbauend immer höhere kognitive, visuelle und auditive Fähigkeiten verlangt. Je nach Phasenübergang stehen andere Leistungsbereiche im Vordergrund. Es wird deutlich, wie wichtig eine genaue Analyse der kindlichen Lesestrategien ist, um dem jeweiligen Kind genau jene Hilfestellung zu geben, die es zur Erreichung der nächsthöheren Phase benötigt.

3 Die Lesestandserfassung

3.1 Arbeitsmaterial im Überblick

Lesestufen eignet sich zur Beobachtung des Leseentwicklungsstandes eines einzelnen Kindes, nicht aber für die Anwendung im ganzen Klassenverband.

Das Bilderbuch *Dani hat Geburtstag* ist phasenspezifisch aufgebaut. Dies ermöglicht ein gezieltes und ökonomisches Vorgehen. Zur groben Orientierung ist das zentrale Arbeitsmaterial des Instruments, das Bilderbuch, auf einen Blick dargestellt:

Titelseite

Seite 2

Seite 3

Seite 4–5

Seite 6–7

Seite 8–9

Seite 10

Seite 11

Seite 12

Seite 13

Je nach Lesekenntnissen des Kindes stehen andere Seiten des Bilderbuches im Vordergrund:
- *Das Titelblatt sowie die Seiten 2 und 3* formen den Einstieg in die Geschichte. Ein erstes grobes Einschätzen bezüglich der Phasenzuordnung sowie Beobachtungen im Umgang mit dem Bilderbuch sind hier von Interesse.
- *Die Seiten 4–8* eignen sich zur Bestimmung der *Phasen 1–4*. Sie richten sich vor allem an Kinder, welche noch in den Anfängen der Leseentwicklung stecken. Fortgeschrittenere können die kleinen Textpassagen selbstständig lesen.
- *Ab Seite 9* stehen vor allem die *Phasen 5–7* im Beobachtungsinteresse. Sie sind für Kinder geeignet, die bereits lesen, d.h. zumindest synthetisieren können.
- *Ab Seite 10* wird zudem zwischen Lesetechnik und Lesesinnverständnis unterschieden. Für Kinder, die noch nicht synthetisieren können, sind diese Seiten nicht mehr relevant für die Phasenbestimmung. Selbstverständlich soll ihnen die Geschichte trotzdem fertig erzählt oder vorgelesen werden. Die dazugehörigen Fragen des Beobachtungsbogens können weggelassen werden.

Folgende Materialien werden benötigt:
– Bilderbuch *Dani hat Geburtstag*
– *Beobachtungsbogen,* siehe Kopiervorlagen, S. 51–61
– Tonaufnahmegerät mit Kassette
– Schreibutensilien

3.2 Durchführungsort und Sitzanordnung

- Optimal ist ein separates Zimmer mit einem Tisch und zwei Sitzgelegenheiten, in dem Sie und das Kind sich in möglichst ruhiger Atmosphäre dem Bilderbuch widmen können. Besteht diese Möglichkeit nicht, kann die Beobachtung auch in einer Nische des Kindergartens oder Schulzimmers durchgeführt werden, was sich jedoch auf die Aufmerksamkeits- und Konzentrationsfähigkeit des Kindes auswirken kann.
- Setzen Sie sich neben das Kind, sodass beiden der Blick auf das zwischen ihnen liegende Bilderbuch gewährleistet ist.
- Das Kassettengerät sollte möglichst in der Nähe des Kindes platziert werden, damit eine gute Aufnahme erzielt werden kann.

3.3 Durchführungshinweise

- Erklären Sie dem Kind Ihr Interesse an seinen Äußerungen zum Bilderbuch, und informieren Sie es über die Notwendigkeit Ihrer Notizen und der Tonbandaufnahme. Falls nötig, können spielerisch einige kurze Aufnahmen durchgeführt werden, um die Hemmungen vor dem Kassettengerät abzubauen.
- Lassen Sie das Kind seinen Namen selbst auf den Beobachtungsbogen schreiben. Dies eröffnet Ihnen schon eine erste Möglichkeit, etwas über den Kenntnisstand des Kindes bezüglich der Schriftsprache zu erfahren; eventuell gibt es schon Anzeichen, dass der Name ganzheitlich gespeichert ist, vielleicht verfügt das Kind schon offensichtlich über Graphem-Phonem-Korrespondenzen usw.
- Das Vorgehen während der Beobachtung kann sich sehr verschieden gestalten, da es sich nach dem Alter und den jeweiligen Kenntnissen des Kindes richtet.
- Als Grundlage zur Durchführung dient der *Beobachtungsbogen.* Neben konkreten Anweisungen finden Sie darin auch die wichtigsten Fragen. Zusätzliche Informationen erhalten Sie im Kap. 3.4.2, *Der Beobachtungsbogen.*
– Wichtig ist, dass Sie immer nachfragen, um festzustellen, warum Ihnen ein Kind gerade *diese* Antwort gegeben hat. Durch die Begründungen der jeweiligen Antworten werden nämlich die Strategien ersichtlich, welche den spezifischen Phasen zuzuordnen sind.

- Die Kästchen zur Phasenbestimmung können den Antworten und Reaktionen der Kinder entsprechend unmittelbar angekreuzt werden.
- Stellen Sie auch eigene zusätzliche Fragen, insbesondere dann, wenn Unsicherheiten bezüglich der Phasenzuordnung auftauchen.
• Unter der Kategorie *Eigene Beobachtungen* können Sie zusätzliche Bemerkungen bezüglich der Lesefähigkeit sowie des non- und paraverbalen Verhaltens (Mimik, Gestik, Lachen) festhalten. Gerade auf diese zusätzlichen Beobachtungen wird in der Auswertung großer Wert gelegt.
• Kindern, die noch nicht lesen können, soll die Geschichte vorgelesen oder, falls sie dies nicht verstehen, erzählt werden.

3.4 Die sichere Handhabung des Beobachtungsbogens

Um die Handhabung des Beobachtungsbogens zu erleichtern, wird er im Folgenden Seite für Seite ausführlich besprochen und mit Beispielen ergänzt und präzisiert. Zur Veranschaulichung des Zusammenhangs mit dem theoretischen Hintergrund wird zudem der Bezug zum Phasenmodell hergestellt.

3.4.1 Zeichenerklärung

Wichtige Angaben zur Handhabung des Beobachtungsbogens:

Text 1	entspricht dem zugrunde liegenden Beobachtungsbogen (siehe Anhang)
Text 2	entspricht den spezifischen Anmerkungen, bzw. zusätzlichen Fragen, Anregungen und Beispielen
» ... «	**Fragen: Diese Fragen sollen gestellt werden, auch wenn Sie vermuten, dass das Kind überfordert sein könnte. Möglicherweise ist die Reaktion des Kindes interessant.**
→	**wichtige Anweisung**
X	zusätzliche Anweisung
GPK	Abkürzung für: Graphem-Phonem-Korrespondenz
/A/	Graphem (Buchstabe)
/a/	Phonem (Laut)
/.../	einzelne Buchstaben werden in Laute umgewandelt, d.h. lautiert, aber nicht synthetisiert
L<u>ee</u>-a	lang gezogenes, synthetisierendes Lesen

3.4.2 Der Beobachtungsbogen

Allgemeine Angaben

Lassen Sie das Kind seinen Namen selber auf den Beobachtungsbogen schreiben. Dies eröffnet Ihnen die Möglichkeit, etwaige GPK zu erfragen.

Name des Kindes:

Alter: Datum:

→ **Kinder, die lesen können, erlesen die Texte so weit wie möglich selber. Die Lehrperson darf helfen, wenn das Kind nicht mehr weiterkommt. Kindern, die nicht lesen können, werden die Texte vorgelesen oder erzählt.**

Umschlag und Titel

Diese Seite ist als Einstieg gedacht.

»Auf dem Tisch liegt ein Buch, das wir gemeinsam anschauen wollen. Mich interessiert, was du dazu sagst. Was erkennst du auf dem Umschlag? Kannst du etwas lesen?«

→ **Das Buch soll verkehrt auf den Tisch gelegt werden.**

Das Kind soll das Bilderbuch selber ergreifen und aufschlagen. Dies gibt bereits Hinweise darauf, ob das Kind Anfang und Richtung von Büchern kennt.

Zu Beginn wird insbesondere darauf geachtet, ob sich die Aussagen des Kindes auf das Bild oder auch bereits auf die Schrift beziehen. Fragen Sie nach eventuell bekannten Buchstaben. Dabei kann festgestellt werden, ob das Kind eine Vorstellung über die Einheit »Buchstaben« hat, ob es Buchstaben rein visuell aufgrund ihrer Gestalt erkennt, ohne sie mit einem Lautnamen zu benennen, oder ob es bereits über GPK verfügt. Stellen Sie fest, dass das Kind bereits lesen kann, sind vor allem die Seiten 9–13 aufschlussreich.

✗	Entsprechendes wird angekreuzt:
❏	nimmt das Buch irgendwie in die Hand
ab 1 ❏	hält das Buch korrekt in der Hand
❏	erzählt nichts vom Bild
1 ❏	erzählt vom Bild
3 ❏	zeigt auf einige Buchstaben, kann sie aber nicht benennen (Bsp.: Das Kind zeigt auf /G/ und sagt: »Den kenne ich.«)
4 ❏	übersetzt Buchstaben in Laute, synthetisiert aber noch nicht (Bsp.: Das Kind lautiert alle Buchstaben aus einem Wort: /g/ /e/ /b/ /u/ /r/ /t/ /s/ /t/ /a/ /g/ oder auch nur einzelne: /g/ /e/ /r/ /t/)
ab 5 ❏	erliest (Bsp.: G̲ee-bu̲rr-t̲ss-t̲aa-g Geburtstag)

Unter *Eigene Beobachtungen* soll festgehalten werden, wie sich das Kind verhält, was es äußert und wie es liest.

Eigene Beobachtungen: _____
_____
_____

Bezug zum Phasenmodell:

Phase 1: Das Kind hält das Buch korrekt in der Hand und erzählt vom Bild. Es kann mit dem Geschriebenen nichts anfangen und kennt noch keine Buchstaben.

Phase 3: Das Kind zeigt auf einzelne Buchstaben, die es rein visuell erkennt, aber nicht benennen kann.

Phase 4: Das Kind benennt einzelne Buchstaben, d.h., es verfügt über erste GPK. Es kann aber noch nicht synthetisieren.

Phase 5: Das Kind synthetisiert, d.h., einzelne Wörter oder der Titel werden erlesen.

Seite 2

Diese Seite umfasst alle Phasen und dient einem Überblick.

»Dani hat Geburtstag. Was passiert jetzt wohl? Kannst du etwas lesen?«

	Entsprechendes wird angekreuzt:
✗	
☐	blättert wahllos
ab 1 ☐	blättert korrekt weiter (kennt Buchrichtung)
ab 1 ☐	erzählt vom Bild
1–3 ☐	kann mit dem Text noch nichts anfangen In diesem Fall kann nicht zwischen den Phasen 1–3 differenziert werden.
4 ☐	übersetzt Buchstaben in Laute, synthetisiert aber noch nicht (Bsp.: /d/ /a/ /n/ /i/ oder nur /d/ /a/ /i/)
5 ☐	erliest (synthetisiert) vielleicht nur einige Wörter; braucht Hilfe beim Verständnis durch den Kontext oder die Lehrperson (Bsp.: D<u>aa</u>-<u>nn</u>-i Dani)
6/7 ☐ *	erliest, gliedert die Wörter in Verarbeitungseinheiten und erkennt den Inhalt (Bsp.: Ge-burts-tag)
7 ☐	liest ohne Probleme (flüssig und ohne größere Fehler)

Bezug zum Phasenmodell:

Phasen 1–3: Das Kind erzählt vom Bild und bezieht sich nicht auf den Text. Es kennt noch keine Buchstaben.

Phase 4: Das Kind benennt einzelne Buchstaben, d.h., es verfügt über erste GPK. Es kann aber noch nicht synthetisieren.

Phase 5: Das Kind synthetisiert, d.h., einzelne Wörter oder der Text werden erlesen. Der Inhalt steht im Hintergrund.

Phasen 6/7: Das Kind liest schneller und segmentiert in Verarbeitungseinheiten.

Phase 7: Das Lesen ist automatisiert. Das Kind verwendet die verschiedenen Verarbeitungseinheiten flexibel. Der Inhalt steht im Vordergrund.

---

* Zwei durch Schrägstrich getrennte Ziffern bedeuten, dass sich ein Kind gleichzeitig in zwei Phasen befindet.

Seite 3

Diese Seite umfasst alle Phasen und dient einem Überblick.

»Was steht wohl im Brief?«

Vor dem Lesen bzw. Vorlesen des Briefes kann über den möglichen Inhalt des Briefes gesprochen werden. So können Sie feststellen, ob das Kind schon eine Vorstellung vom Aufbau eines Briefes hat. Beispiel: Weiß es, wo der Brief beginnt oder wie die Anrede lautet?

✗	Entsprechendes wird angekreuzt:
1–4 ❑	Die Lehrperson muss den Brief vorlesen. In diesem Fall kann nicht zwischen den Phasen 1–4 differenziert werden.
4 ❑	Das Kind übersetzt Buchstaben in Laute, synthetisiert noch nicht. (Bsp.: /l/ /i/ /e/ /b/ /e/ oder nur /l/ /e/)
5 ❑	synthetisiert (Bsp.: L<u>ii</u>-<u>ee</u>-<u>bee</u> <u>Lee</u>-na Liebe Lena)
6/7 ❑	liest den Text, fasst zu Verarbeitungseinheiten zusammen (Bsp.: M-itt-w-och)
7 ❑	liest flüssig und versteht den Inhalt

Bezug zum Phasenmodell:

Phasen 1–4:	Das Kind kann noch nicht selbstständig lesen.
Phase 4:	Das Kind benennt einzelne Buchstaben, d.h., es verfügt über erste GPK. Es kann aber noch nicht synthetisieren. Der Kontext und die Kenntnis einzelner Buchstaben ermöglichen dem Kind eventuell, ein Wort zu »lesen«.
Phase 5:	Das Kind synthetisiert, d.h., einzelne Wörter oder der Brief werden erlesen. Der Inhalt steht im Hintergrund.
Phasen 6/7:	Das Kind liest schneller und segmentiert in Verarbeitungseinheiten.
Phase 7:	Das Lesen ist automatisiert. Das Kind verwendet die verschiedenen Verarbeitungseinheiten flexibel. Der Inhalt steht im Vordergrund.

Seite 4–5

Diese Doppelseite ist vorwiegend zur Erfassung der Phasen 1–4 geeignet.

»Was siehst du auf dem Bild?«

→ **Das Kind frei erzählen lassen, evtl. auf Embleme und Schriftzüge hinweisen. Die Kinder sollten aufgefordert werden, ihre Aussagen zu begründen.**

Folgende Fragen sollen bei Kenntnis der Embleme zusätzlich gestellt werden, um zwischen den Phasen genauer differenzieren zu können:
»Warum weißt du das? Kennst du das Zeichen? Hast du es gelesen?«

✗   Entsprechendes wird angekreuzt:

- ab 1 ❏   erzählt vom Bild, ohne Embleme und Schriftzüge zu erwähnen
- 2 ❏   erkennt Embleme und benennt sie:
  ❏ Stop ❏ Aldi ❏ Post ❏ Sparkasse ❏ Apotheke ❏ Lidl ❏ Smarties
  (Bsp.: »Bank« für Sparkasse, »Doktor« für Apotheke – auch solche Antworten sind gültig)
- 3 ❏   erkennt Schriftzüge ohne Embleme und benennt sie:
  ❏ Kiosk ❏ Bus ❏ Taxi ❏ Coca-Cola ❏ Restaurant ❏ Aldi (auf dem Bus)
  (Bsp.: erkennt Aldi aufgrund der visuellen Gestalt des /A/)
- 4 ❏   benennt einzelne Buchstaben auf dem Bild oder benennt evtl. die Backstube als Bäckerei und begründet mit dem Graphem /B/
  (Bsp.: /X/ aus Taxi)
- 5 ❏   erliest (synthetisiert) den Text, ohne groß den Inhalt zu erkennen; erliest Schriftzüge mit Mühe
  (Bsp.: <u>Oo</u>-p-<u>ee</u>-r Oper)
- 6/7 ❏   erliest Text und Schriftzüge; gliedert in Verarbeitungseinheiten
  (Bsp.: Ge-schenk)
- 7 ❏   liest ohne Probleme

Bezug zum Phasenmodell:

Phase 1:   Das Kind erzählt vom Bild, ohne Embleme und Schriftzüge zu erwähnen. Es kann mit dem Geschriebenen nichts anfangen und kennt noch keine Buchstaben.
Phase 2:   Das Kind erkennt und benennt Schriftzüge mit Emblemen als Ganzes (die Anzahl der genannten Embleme ist nicht relevant). Es kennt aber noch keine Buchstaben.
Phase 3:   Das Kind zeigt auf einzelne Buchstaben, die es rein visuell erkennt, aber nicht benennen kann. Es erkennt Schriftzüge ohne Embleme und benennt sie aufgrund auffälliger Merkmale (spezielle Buchstabenformen, Wortlänge, Stellung des Buchstabens im Wort). Auch hier spielt die Anzahl der erkannten Embleme keine Rolle.
Phase 4:   Das Kind benennt einzelne Buchstaben, d.h., es verfügt über erste GPK. Es kann aber noch nicht synthetisieren.
Phase 5:   Das Kind synthetisiert, d.h., einzelne Wörter, Schriftzüge oder der Text werden erlesen. Der Inhalt steht im Hintergrund.
Phasen 6/7:   Das Kind liest schneller und segmentiert in Verarbeitungseinheiten.

Seite 6–7

Diese Doppelseite ist zur Erfassung der Phasen 1–3 geeignet.

»Was siehst du auf dem Bild?«

→ **Das Kind frei erzählen lassen, evtl. auf Embleme und Schriftzüge hinweisen.**

Folgende Fragen sollen bei Kenntnis der Embleme zusätzlich gestellt werden, um zwischen den Phasen genauer differenzieren zu können:
»Warum weißt du das? Kennst du das Zeichen? Hast du es gelesen?«
Achtung: Es ist möglich, dass das Kind schon einzelne Schriftzüge synthetisiert oder einzelne Buchstaben benennt, was für die Phasen 5 bzw. 4 sprechen würde. In der Auswertung muss dies beachtet werden.

✗ Entsprechendes wird angekreuzt:

ab 1 ❑ erzählt vom Bild

2 ❑ erkennt Embleme und benennt sie:
❑ Punica ❑ Coca-Cola ❑ Fanta ❑ Apollinaris ❑ hohes C ❑ miniMal ❑ DB

3 ❑ erkennt Schriftzüge ohne Embleme und benennt sie:
❑ Gameboy ❑ Micky ❑ ASIA

→ **Auf chinesische und kyrillische Schriftzüge hinweisen und das Gespräch auf das Thema Schrift lenken.**

Die chinesische Schrift wird von kleineren Kindern nicht als Schrift bezeichnet, da sie »bildähnlich« ist. Oft sehen die Kinder konkrete Bilder darin.
Die kyrillische Schrift ist unserer Schrift ähnlicher und wird deshalb auch öfter als Schrift bezeichnet. Kinder, die bereits über GPK verfügen (Phase 4), versuchen, die Buchstaben in Laute zu übersetzen.

✗ Auf chinesischen Schriftzug zeigen:
»Kannst du das lesen? Können wir das lesen? Ist es geschrieben oder gezeichnet?«

✗ Auf kyrillischen Schriftzug zeigen:
»Ist es geschrieben oder gezeichnet? Ist es so geschrieben, wie wir schreiben?«

»Was ist Schrift?«

Zusätzliche Frage: »Weißt du, wie wir schreiben?«

✗ Entsprechendes wird angekreuzt:

❑ Kind unterscheidet Bild von Schrift   ❑ weiß, wo Text beginnt
❑ kennt Leserichtung   ❑ nennt einige Buchstaben

Bezug zum Phasenmodell:

Phase 1: Das Kind erzählt vom Bild, ohne Embleme und Schriftzüge zu erwähnen. Es kann mit dem Geschriebenen nichts anfangen und kennt noch keine Buchstaben. Es hat schon eine Ahnung von unserem Schriftsystem.

Phase 2: Das Kind erkennt und benennt Schriftzüge mit Emblemen als Ganzes (die Anzahl der genannten Embleme ist nicht relevant). Es kennt aber noch keine Buchstaben.

Phase 3: Das Kind zeigt auf einzelne Buchstaben, die es rein visuell erkennt, aber nicht benennen kann. Es erkennt Schriftzüge ohne Embleme und benennt sie aufgrund auffälliger Merkmale (spezieller Buchstabenformen, Wortlänge, Stellung des Buchstabens im Wort). Auch hier spielt die Anzahl der erkannten Embleme keine Rolle.

Seite 8–9

Die Abbildung mit den beschrifteten Luftballons eignet sich zur Erfassung der Phasen 1–4.
Der Text eignet sich zur Erfassung der Phasen 5–7.

✗ Auf die Abbildung mit den Luftballons hinweisen.

»Weißt du, wo Lena sitzt?«

Das Kind soll seine Antwort begründen: »Warum weißt du das? Hast du den Namen gelesen?«

✗ Entsprechendes wird angekreuzt:

1–3 ❑ weiß es nicht

zeigt falsch:

1–3 ❑ – benennt zufällig
(Bsp.: »Weil der Ballon rot ist.«)

4 ❑ – benennt aufgrund eines bekannten Buchstabens
(Bsp.: zeigt auf LEA oder auf OLAF, wegen dem bekannten /L/)

zeigt richtig:

1–3 ❑ – benennt zufällig

4 ❑ – benennt aufgrund eines bekannten Buchstabens
(Bsp.: zeigt auf LENA, wegen dem bekannten /L/)

5 ❑ – synthetisiert
(Bsp.: L-Lee-Lenn-Lenaa)

6/7 ❑ – kann den Namen lesen
Klären Sie in diesem Fall, ob das Kind auch schon Kleinbuchstaben kennt und erlesen kann.

Folgende Frage dient der Gewinnung weiterer Anhaltspunkte:

»Kennst du die Namen der anderen Kinder?«

Diese zusätzlichen Fragen sind Hilfestellungen für Kinder, welche die Namen noch nicht erlesen können:
»Weißt du, wo Dani sitzt?«
»Weißt du, wo Olaf sitzt?«
»Weißt du, wo Remo sitzt?«
»Weißt du, wo Lea sitzt?«

✗	Entsprechendes wird angekreuzt: ❏ Dani ❏ Olaf ❏ Remo ❏ Lea
1–3 ❏	weiß es nicht
1–3 ❏	benennt zufällig
4 ❏	benennt aufgrund eines bekannten Buchstabens (Bsp.: zeigt auf REMO, wegen dem bekannten /R/)
4 ❏	benennt die einzelnen Buchstaben (Bsp.: /o/ /l/ /a/ /f/ oder nur /o/ /a/)
5 ❏	synthetisiert (Bsp.: L<u>ee</u>-L<u>eea</u>)
6/7 ❏	kann die Namen lesen Klären Sie in diesem Fall, ob das Kind auch schon Kleinbuchstaben kennt und erlesen kann.
✗	Auf den Text hinweisen.

»Lies doch mal!«

✗	Entsprechendes wird angekreuzt:
5 ❏	Kind synthetisiert
5 ❏	erliest bereits bekannte Wörter immer wieder von neuem (Bsp.: Geburtstags..., Dani, Lena)
6/7 ❏	segmentiert in Verarbeitungseinheiten (Bsp.: M-itt-woch)
6/7 ❏	Sichtwortschatz vorhanden: ❏ ist ❏ es ❏ da ❏ aus ❏ er ❏ von ❏ ein ❏ oder ❏ und
7 ❏	liest den Text flüssig

Bezug zum Phasenmodell:

Phasen 1–3: Das Kind erzählt vom Bild und bezieht sich nicht auf den Text. Es kennt noch keine Buchstaben. Es zeigt zufällig richtig oder zufällig falsch auf die Namen.

Phase 4: Das Kind benennt einzelne Buchstaben, d.h., es verfügt über erste GPK. Es kann aber noch nicht synthetisieren. Es erkennt evtl. einzelne Kindernamen mithilfe von bekannten Buchstaben.

Phase 5: Das Kind synthetisiert, d.h., die Kindernamen, einzelne Wörter oder der Text werden erlesen. Der Inhalt steht im Hintergrund. Der Kontext wird als Entschlüsselungshilfe gemieden.

Phase 6: Das Kind liest schneller und segmentiert in Verarbeitungseinheiten. Die Kindernamen werden problemlos erlesen. Der Inhalt steht im Hintergrund.

Phase 7: Das Lesen ist automatisiert. Das Kind verwendet die verschiedenen Verarbeitungseinheiten flexibel. Der Inhalt steht im Vordergrund.

Seite 10

Die Seiten 10–13 eignen sich zur Erfassung der Phasen 5–7.
Ab Seite 10 wird zwischen Lesetechnik und Lesesinnverständnis differenziert.

Lesetechnik

»Lies doch mal.«

Während das Kind liest, wird auf die Lesetechnik geachtet:

✗	Entsprechendes wird angekreuzt:
5 ❏	Kind synthetisiert (Bsp.: D-Daa-Dann-Dani)
6/7 ❏	segmentiert in Verarbeitungseinheiten (Bsp.: A-lex-an-dra)
6/7 ❏	Sichtwortschatz vorhanden: z.B.: ❏ es ❏ ist ❏ zu ❏ sie ❏ ein ❏ ihn
7 ❏	liest den Text flüssig

Lesesinnverständnis

Nach dem Lesen wird folgende Frage gestellt:

»Wer kommt zu Besuch?«

✗	Entsprechendes wird angekreuzt:
5/6 ❏	Kind kann Frage nicht beantworten oder rät (Inhalt im Hintergrund)
7 ❏	kann Frage beantworten (Inhalt im Zentrum)

→ **Korrigiert sich das Kind bei Verlesungen selber?**

✗	Entsprechendes wird angekreuzt:
5/6 ❏	Kind unternimmt keine Selbstkontrollen bzw. eher rückwirkende (Inhalt im Hintergrund)
7 ❏	Kind unternimmt syntaktische und/oder inhaltliche Selbstkontrollen (Inhalt im Zentrum) Bsp.: syntaktische Selbstkontrolle: »Dani soll im Bett«. Kind korrigiert: »ins«. Bsp.: inhaltliche Selbstkontrolle: »Auch sie bringt Dani ein Gesteck.« Kind korrigiert: »Geschenk«.

Bezug zum Phasenmodell:

Phase 5: Das Kind synthetisiert, d.h., einzelne Wörter oder der Text werden erlesen. Der Inhalt steht im Hintergrund. Der Kontext wird als Entschlüsselungshilfe gemieden, kann aber der rückwirkenden Selbstkontrolle dienen.

Phase 6: Das Kind liest schneller und segmentiert in Verarbeitungseinheiten. Der Inhalt steht im Hintergrund.

Phase 7: Das Lesen ist automatisiert. Das Kind verwendet die verschiedenen Verarbeitungseinheiten flexibel. Der Inhalt steht im Vordergrund, deshalb können die Fragen zum Lesesinnverständnis beantwortet werden.

Seite 11

Diese Seite eignet sich zur Erfassung der Phasen 5–7.

Lesetechnik

»Lies doch mal.«

Während das Kind liest, wird auf die Lesetechnik geachtet:

✗ Entsprechendes wird angekreuzt:

5 ❑ Kind synthetisiert
(Bsp.: Au-Au<u>ss</u>-Au<u>ss</u>fl-Ausfl<u>uu</u>g)

6/7 ❑ segmentiert in Verarbeitungseinheiten
(Bsp.: Lieb-lings-tier)

6/7 ❑ Sichtwortschatz vorhanden:
z.B.: ❑ du ❑ mit ❑ mir ❑ einen ❑ in ❑ den
❑ wir ❑ auch ❑ mein ❑ sich ❑ dem

7 ❑ liest den Text flüssig

Lesesinnverständnis

Nach dem Lesen wird folgende Frage gestellt:

»Kannst du das Rätsel lösen?«

✗ Entsprechendes wird angekreuzt:

5/6 ❑ kann Rätsel nicht lösen oder nur mit Hilfe (Inhalt im Hintergrund)

7 ❑ kann Rätsel lösen (Inhalt im Zentrum)

Bezug zum Phasenmodell:

Phase 5: Das Kind synthetisiert, d.h., einzelne Wörter oder der Text werden erlesen. Der Inhalt steht im Hintergrund. Der Kontext wird als Entschlüsselungshilfe gemieden, kann aber der rückwirkenden Selbstkontrolle dienen.

Phase 6: Das Kind liest schneller und segmentiert in Verarbeitungseinheiten. Der Inhalt steht im Hintergrund.

Phase 7: Das Lesen ist automatisiert. Das Kind verwendet die verschiedenen Verarbeitungseinheiten flexibel. Der Inhalt steht im Vordergrund, deshalb können die Fragen zum Lesesinnverständnis beantwortet werden.

Seiten 12 und 13

Diese Seiten eignen sich zur Erfassung der Phasen 5–7.

Lesetechnik

»Lies doch mal.«

Während das Kind liest, wird auf die Lesetechnik geachtet:

✗ Entsprechendes wird angekreuzt:

5 ❑ Kind synthetisiert
(Bsp.: Z-Zee-Zeeb-rr-Zebra)

6/7 ❑ segmentiert in Verarbeitungseinheiten
(Bsp.: Lieb-lings-tier)

6/7 ❑ Sichtwortschatz vorhanden:
z.B.: ❑ hat ❑ sein ❑ leider ❑ nicht
❑ ist ❑ jetzt ❑ aber ❑ kann ❑ auf

7 ❑ liest den Text flüssig

Lesesinnverständnis

Nach dem Lesen werden folgende Fragen gestellt:

»Hat Dani das Lieblingstier von Tante Alexandra gefunden?«

Zusätzliche Frage: »Welches ist es?«

✗ Entsprechendes wird angekreuzt:

5/6 ❑ antwortet falsch (Inhalt im Hintergrund)

7 ❑ antwortet richtig (Inhalt im Zentrum)

»Kommt Danis Lieblingstier auch in seinem Traum vor?«

Zusätzliche Frage: »Welches ist es?«

✗	Entsprechendes wird angekreuzt:
5/6 ❏	Kind antwortet falsch oder rät (Inhalt im Hintergrund)
7 ❏	Kind antwortet richtig (Inhalt im Zentrum)
→	**Reaktion des Kindes auf falsches Wort (*lieber* statt *leider*) beachten.**
✗	Entsprechendes wird angekreuzt:
5/6 ❏	Kind erkennt Fehler nur mit Hilfe oder nicht (Inhalt im Hintergrund)
7 ❏	erkennt Fehler, korrigiert eventuell (Inhalt im Zentrum, der Satz ergibt mit »lieber« keinen Sinn)

Folgende Frage dient der Erfassung der Hypothesenbildung:

»Wie könnte die Geschichte weitergehen?«

✗	Entsprechendes wird angekreuzt:
5/6 ❏	Kind kann keinen möglichen weiteren Verlauf der Geschichte formulieren oder nur mit Hilfe
7 ❏	Kind kann einen möglichen weiteren Verlauf der Geschichte formulieren

Bezug zum Phasenmodell:

Phase 5: Das Kind synthetisiert, d.h., einzelne Wörter oder der Text werden erlesen. Der Inhalt steht im Hintergrund. Der Kontext wird als Entschlüsselungshilfe gemieden, kann aber der rückwirkenden Selbstkontrolle dienen. Der »Druckfehler« – *lieber* statt *leider* – wird meist nicht bemerkt, da das Erlesen noch viel Aufmerksamkeit erfordert. Das Kind kann keine Hypothese über den Fortgang der Geschichte bilden, da der Inhalt im Hintergrund steht.

Phase 6: Das Kind liest schneller und segmentiert in Verarbeitungseinheiten. Der Inhalt steht im Hintergrund. Der »Druckfehler« – *lieber* statt *leider* – wird meist nicht bemerkt. Das Kind unternimmt bei Verlesungen kaum bzw. eher rückwirkende Selbstkontrollen. Es kann keine Hypothese über den Fortgang der Geschichte gebildet werden, da der Inhalt im Hintergrund steht.

Phase 7: Das Lesen ist automatisiert. Das Kind verwendet die verschiedenen Verarbeitungseinheiten flexibel. Der Inhalt steht im Vordergrund, deshalb können die Fragen zum Lesesinnverständnis beantwortet werden und der »Druckfehler« – *lieber* statt *leider* – wird bemerkt und korrigiert. Das Kind übernimmt bei Verlesungen Selbstkontrolle. Die Bildung einer Hypothese über den Fortgang der Geschichte ist möglich.

3.5 Auswertung

Übertragen Sie die mithilfe der direkten Beobachtung und der Tonbandaufnahme erhaltenen Kreuze in die Auswertungstabellen *Lesetechnik* und *Lesesinnverständnis* auf den letzten Seiten des Beobachtungsbogens.

Ist eine Antwort Ausdruck einer einzigen Phase (z.B. 5), so wird das entsprechende Feld in der Tabelle mit einem Kreuz (x) versehen. Ist die Antwort Spiegel mehrerer möglicher Phasen (z.B. 1–4), markieren Sie jedes einzelne Feld mit einem Punkt (•). Dies ist nötig, um die im zweiten Fall ungenauen Phasenangaben am Ende der Auswertung im Gesamtbild einordnen und interpretieren zu können. So können Sie beispielsweise annehmen, dass die Phasen 3/4 für ein Kind zutreffend sind, wenn sie auch sonst mehr Kreuze für diese als für die Phasen 1 und 2 markiert haben. Ab der siebten Seite des Beobachtungsbogens (Seite 10 des Bilderbuchs) muss beim Übertragen der Kreuze zwischen Lesetechnik und Lesesinnverständnis unterschieden werden.

Ausgangspunkt der Beurteilung ist nicht diejenige Phase, die am häufigsten markiert wurde (die Phasen sind in ungleichem Maße in den Fragen vertreten), sondern jene Phase, die das Kind maximal erreicht. Sind mindestens zwei Felder dieser Phase mit einem Kreuz versehen, kann angenommen werden, dass sich das Kind schwerpunktmäßig tatsächlich in dieser Phase befindet. Ist nur ein Feld der entsprechenden Phase markiert, sollten weitere phasenspezifische Fragen zur Verifizierung gestellt werden. Es ist möglich, dass ein Kind in zwei oder mehreren aufeinander folgenden Phasen der Leseentwicklung steht, da sich die Phasenübergänge fließend gestalten.

Ziel der Auswertung sollte es nicht sein, ein Kind im Sinne einer Etikettierung irgendwelchen Phasen zuzuordnen. Vielmehr wird beabsichtigt, mithilfe dieser Standortbestimmung typische kindliche Lesestrategien besser zu verstehen und mögliche weitere Schritte innerhalb der Leseentwicklung aufzuzeigen, um eine adäquate Förderung zu gewährleisten.

3.6 Interpretation

Anhand der Auswertung wird ersichtlich, in welcher bzw. welchen Phasen sich das Kind schwerpunktmäßig befindet. Unter Einbezug des Phasenmodells erhalten Sie Einsicht in die vorherrschenden Strategien dieser Phase bzw. dieser Phasen und können sich vergewissern, ob diese auch wirklich für das von Ihnen untersuchte Kind zutreffen.

Den eigenen Beobachtungen wird in diesem Verfahren starke Gewichtung geschenkt. Jedes Kind durchläuft, trotz einer erkennbaren Systematik im Verlauf des Leseerwerbsprozesses, seinen eigenen individuellen Entwicklungsweg, welchen es möglichst genau zu erfassen gilt. Je nachdem haben Sie Reaktionen oder Verhaltensweisen beobachtet, die für eine bestimmte Phase charakteristisch sind oder die bei Schwierigkeiten bezüglich der Zuordnung für die Dominanz einer bestimmten Phase sprechen. Dies sind wertvolle Hinweise für die Interpretation.

Gehen Sie jedoch vorsichtig mit Ihren Vermutungen um. Es besteht die Gefahr, dass durch vorschnelle Interpretation ein unpräzises oder falsches Bild entsteht. Bestätigen sich Ihre Hypothesen in verschiedenen Kontexten, kann davon ausgegangen werden, dass Ihre Einschätzungen den Kenntnissen des Kindes entsprechen.

Haben Sie festgestellt, welche phasenspezifischen Strategien das Kind vorwiegend verwendet, können Sie sich der entsprechenden Förderhinweise bedienen. Damit werden einerseits aktuelle Phasen gefestigt und andererseits nächsthöhere angebahnt.

4 Überlegungen zur Bestimmung der teststatistischen Gütekriterien aus förderdiagnostischer Sicht

4.1 Vorbemerkungen

Lesestufen ermöglicht es, das Kind im Umgang mit Geschriebenem zu beobachten und so Hypothesen betreffend seine Lesekenntnisse zu gewinnen. Ziel der Auswertung ist es, Einblick in die Leseentwicklung des untersuchten Kindes zu erhalten, um darauf aufbauend die jeweiligen Strategien des Kindes besser zu verstehen und zu Ansatzpunkten für die Förderung zu gelangen. Es handelt sich bei diesem Verfahren um ein (Grob-)Screening, welches zu einer ersten qualitativen Standortbestimmung innerhalb des Leseerwerbsprozesses verhelfen soll. *Lesestufen* ist ein nicht standardisiertes Verfahren; d.h., es liegen keine Untersuchungen insbesondere zur Reliabilität, Validität und Eichung vor.

Um die Qualität psychologischen Testens verbindlich zu regeln, hat das *Committee to Develop Standards for Educational and Psychological Testing* Richtlinien ausgearbeitet, die von Testautoren bei Neuentwicklungen herangezogen werden können (vgl. die deutsche Fassung von *Häcker et al.* 1998).

In der heilpädagogisch-förderdiagnostischen Literatur ist man den klassischen Gütekriterien gegenüber eher kritisch eingestellt. Insbesondere wird von verschiedenen Autoren moniert, dass bei heilpädagogischen Fragestellungen und förderdiagnostischen Problemen den klassischen Gütekriterien weniger Bedeutung zukommt – oder dass diese gar hinderlich sind (vgl. etwa *Eggert* 1998, 16 ff.).

Eine klassisch objektive Testdiagnostik bringt für die wichtigste Aufgabe der Heilpädagogik – die angepasste Förderung – in der Regel weniger relevante Daten als eine offene Spielsituation oder Gespräche. Trotzdem sind Instrumente, die vor allem qualitative Ergebnisse liefern, sehr nutzbringend und gefragt, in ihrer Zahl aber immer noch zu selten anzutreffen.

4.2. Die Einordnung von *Lesestufen*

4.2.1 Die Bedeutung des Screeningverfahrens für die Förderperson

Das hier vorliegende Verfahren ist als Suchverfahren konzipiert, das Anwenderinnen und Anwendern eine grobe Orientierung geben soll, wo sich ein Kind in der Entschlüsselung von bildlicher und geschriebener Information befindet. Ein solches Screeningverfahren kann für grobe Kategorisierungen verwendet werden; es stellt gewissermaßen einen ersten Schritt in einem diagnostischen Prozess dar. Es ist niemals als Zuteilungs- und schon gar nicht als Selektionsinstrument gedacht, aufgrund dessen Durchführung für ein Individuum Entscheidungen mit weitreichenden Konsequenzen gefällt werden.

Es interessiert die mit der Förderung beauftragte Person, auf welcher Stufe des Leseerwerbsprozesses bereits Kenntnisse vorhanden sind und wo weiterführende Förderung ansetzen kann. Diese Zielsetzung relativiert die Frage der Bestimmung von Gütekriterien. So weisen ähnlich konzipierte förderdiagnostische Materialien ebenfalls keine Angaben zu den Gütekriterien auf (vgl. z.B. *Barth* 1998; *Kretschmann, Dobrindt, Behring* 1999). Das vorliegende Verfahren ist kein Test im herkömmlichen Sinne, sondern eine Diagnosehilfe zur Feststellung der Lernausgangslage des Kindes.

Die genannte Zweckbestimmung für dieses Verfahren und die Deklarierung als Screeningverfahren entbinden nicht von der Aufgabe, eine gute und plausible Theorie des Leseerwerbs auszuwählen und das vorliegende diagnostische Hilfsmittel mit vernünftigen und vor allem kindgerechten Aufgaben auszustatten. Bei der Standortbestimmung soll deshalb keine sture Durchführung mit genormten Fragen im Vordergrund stehen. Ziel ist es vielmehr, dass das Bilderbuch *Dani hat Geburtstag,* durchaus im sich entwickelnden Dialog mit dem Kind, gleichsam einen Raster zur Beobachtung der Leseentwicklung und deren Einordnung in das Lesestufenmodell abgibt.

Wir erachten es dennoch als notwendig, unsere Überlegungen zu den Gütekriterien, an denen psychologische Tests beurteilt werden, auch für dieses förderdiagnostische Hilfsmittel mitzuteilen.

4.2.2 Objektivität

Zu den wichtigsten Gütekriterien zählt die Objektivität; sie wird in der Regel unter drei verschiedenen Aspekten beleuchtet und soll eine möglichst neutrale, objektive und präzise Messung des Beobachteten garantieren:

Unter dem Aspekt der *Durchführungsobjektivität,* welche durch eine Standardisierung der Untersuchungssituation geschieht – dadurch sollen Einflüsse des Versuchsleiters, des Raumes, der zeitlichen Bedingungen möglichst minimiert werden.

Unter den Aspekten der *Auswertungs-* und der *Interpretationsobjektivität,* welche eine möglichst eindeutige und unter den Auswertenden vergleichbare Auswertung zulassen sollen.

In der alltäglichen (heil-)pädagogischen Situation sind wichtige Bereiche des gängigen Objektivitätsverständnisses kaum einzuhalten. Die Durchführungssituation ist denn auch bei unserem Verfahren dem jeweiligen Kind anzupassen. Es können und sollen Hilfestellungen angeboten werden, denn es ist auch von Interesse, zu erfahren, unter welchen bestimmten Bedingungen ein Kind eine Aufgabe lösen kann und unter welchen Bedingungen dies nicht mehr gelingt; selbstverständlich sollen solche Beobachtungen in einem Durchführungsprotokoll festgehalten werden, da diese Informationen für die Förderperson interessant sind.

Es bleibt zu beachten, dass ein bestimmtes Leistungsvermögen immer von Menschen und Situationen abhängig ist.

4.2.3 Reliabilität

In der Regel basieren Reliabilitätsangaben auf einem Korrelationskoeffizienten zweier Testvorgaben. »Die Bedingungen der Testvorgabe können bezüglich der Testformen, Beurteiler oder Auswerter oder der dazwischen vergangenen Zeit variieren.« (Häcker et al. 1998, 108). Eine *Paralleltestreliabilität* kann mangels Vorliegen eines geeigneten Paralleltests nicht bestimmt werden. Untersuchungen und Befragungen über die *Beurteilerreliabilität* sind bei unserem Instrument befriedigend ausgefallen, d.h., die Auswertung der Beobachtungsergebnisse durch verschiedene Personen fiel zufriedenstellend übereinstimmend aus. Da in der Praxis individuelle Förderüberlegungen abgeleitet werden sollen, ist eine 100-prozentige Zuteilung in eine Entwicklungsstufe nicht notwendig, eventuell nicht einmal erwünscht. Auf die Bestimmung der *Retestreliabilität* kann ganz verzichtet werden. Ein akzeptabler Retestkoeffizient ist nur dann zu erwarten, wenn das Merkmal zeitstabil ist. Wir gehen jedoch von Entwicklungs- und Veränderungsmöglichkeiten jedes Individuums aus, was die Ermittlung eines Retestkoeffizienten als nicht sinnvoll erscheinen lässt.

4.2.4 Validität

Die Validitätsfrage stellt sich im vorliegenden Falle besonders in die Richtung, dass es von Interesse ist, wieweit die gestellten Fragen und die Konzipierung des Bilderbuches *Dani hat Geburtstag* repräsentativ sind für die jeweilige Stufe der Leseentwicklung. Das bei der Konstruktion gewählte Vorgehen kann man als rationales Vorgehen bezeichnen. Wir haben uns zu den Leseentwicklungsstufen geeignet erscheinende Aufgaben für das Kind ausgedacht; sie sollten die Leseentwicklungsstufe repräsentieren und zugleich zum Bilderbuchthema passen. Selbstverständlich musste dieses Konzept bereits bei der Entwicklung des Bilderbuches mitbedacht werden, sonst hätte man ja ein beliebiges Bilderbuch nehmen können. Die Besonderheit von *Dani hat Geburtstag* liegt darin, dass optisches Reizmaterial angeboten wird, welches eine grobe Erfassung auf allen Leseentwicklungsstufen zulässt. Was die einzelnen Aufgaben pro Leseentwicklungsstufe prüfen, ist als logisch valide zu bezeichnen.

4.2.5 Normierung, Eichung

Unter »Normen« werden Statistiken oder tabellarisch dargestellte Daten verstanden, »die die Testleistung bestimmter Gruppen zusammenfassen, so etwa Probanden unterschiedlicher Alters- oder Klassenstufen« (*Häcker et al.* 1998, 108). Dieser Normierungsanspruch ist für das vorliegende Verfahren irrelevant. Das Hilfsmittel ist nicht als normorientierter Test konzipiert, dessen Interpretation auf einem Vergleich der Leistung eines Probanden mit den Leistungen anderer Personen in einer bestimmten Gruppe basiert. Eine Eichung im Sinne bezugsgruppenorientierter Tests steht bei diesem kriteriumsorientierten Verfahren nicht im Vordergrund. Da es sich hier um ein Grobsiebverfahren handelt, genügt eine grobe Zuordnung eines Individuums zu einer bestimmten Lernstufe. Die Anzahl zu lösender Aufgaben pro Lernstufe muss wegen des Alters der Kinder sehr eingeschränkt sein; deshalb kann auch nur annähernd gesagt werden, ob durch die Lösung der wenigen vorgegebenen Aufgaben die jeweilige Lernstufe erreicht ist oder nicht. In jedem Fall kann aber festgehalten werden, wie viele der Aufgaben, die wir einer Lernstufe zugeordnet haben, richtig gelöst wurden.

4.3 Fazit

Wir sind der Überzeugung, dass das vorliegende Erfassungshilfsmittel dem Praktiker wichtige Informationen zur Einschätzung des Entwicklungsstandes eines Kindes im Leseerwerbsprozess geben kann. Weiter gehende teststatistische Untersuchungen scheinen uns für den geplanten Verwendungszweck nicht erforderlich zu sein. Das vorliegende förderdiagnostische Hilfsmittel soll auch andere Forscher anspornen, an der Konzipierung weiterer ähnlicher Hilfsmittel zu arbeiten.

5 Fallbeispiele und Förderhinweise

5.1 Vorbemerkungen

Damit sich die Leser ein Bild von der Durchführung und den möglichen Ergebnissen unseres Instruments zur Erfassung des Lesestandes machen können, sind nachfolgend einige Fallbeispiele von Kindern in verschiedenen Entwicklungsstufen aufgeführt. Da das Screeningverfahren den Anspruch erhebt, den Leselernprozess von Beginn an zu erfassen und zu begleiten, handelt es sich bei den nachfolgenden Fallbeispielen um jüngere Kinder, die sich aber dennoch auf ganz verschiedenen Entwicklungsstufen befinden. Aus Gründen der Veranschaulichung haben wir uns dafür entschieden, die Darstellung protokollartig wiederzugeben, um einen Einblick in das Prozedere und in die gleichzeitig erfolgenden Reflexionen der Beobachtungsperson zu geben.

Die Fallbeispiele stammen aus der Schweiz und beziehen sich auf die schweizerische Ausgabe von *Dani hat Geburtstag*. Die Zitate enthalten zum Teil Logos, die in dem deutschen Bilderbuch nicht vorkommen. Schweizerdeutsche Sätze werden an betreffender Stelle in eckigen Klammern übersetzt.

5.2 Fallbeispiel 1: Eva (5;11) *

5.2.1 Beobachtungen

Umschlag und Titel:
- Eva schaut das Bilderbuch auf dem Kopf und in verkehrter Richtung an. Dabei kommentiert sie gewisse Bilder. Als sie die Titelseite erreicht, dreht sie das Buch um.
→ Aus dieser Beobachtung sollte nicht geschlossen werden, dass Eva der Umgang mit Büchern noch nicht bekannt ist, da sie zum Schluss ganz selbstverständlich das Bilderbuch korrekt vor sich hinlegt. Probleme mit der visuellen Wahrnehmung können ausgeschlossen werden, weil sie die Bilder sinnvoll kommentiert. Vielmehr ist zu vermuten, dass sie das Buch so in die Hand nimmt, wie es auf dem Tisch lag, was im Übrigen oft beobachtet werden kann: Viele Kinder trauen sich nicht, das Buch umzudrehen. Vielleicht stört die verkehrte Lage des Buches Eva auch einfach nicht, da sie die Bilder ja auch so erkennen und deuten kann.

- Eva erzählt, dass der abgebildete Junge Geburtstag habe, und zählt sieben Kerzen auf dem Kuchen.
→ Das Kommentieren des Bildes ohne Beachtung der Schrift lässt vermuten, dass sich Eva mindestens in Phase 1 befindet und wahrscheinlich noch über keine GPK verfügt (Phase 4) bzw. noch nicht synthetisieren (Phase 5) oder flüssig lesen kann (Phase 6/7). Es wäre jedoch auch möglich, dass sie ihre Kenntnisse noch nicht zeigt.

Seiten 2 und 3:
- Eva blättert korrekt weiter. Sie bemerkt, Dani halte einen Brief in der Hand. Sie habe »kei Ahnig« [»keine Ahnung«], was in diesem Brief stehe.
- Da Eva mit dem Text nichts anfangen kann, wird er ihr vorgelesen.
→ Die vorhergehende Hypothese scheint sich zu erhärten.

Seite 4–5:
- Eva kommentiert das Bild auf dieser Doppelseite. Sie erzählt, dass Lena wahrscheinlich mit dem Bus in die Stadt gehe. Auf die Frage hin, wo Lena stehe (erfahrungsgemäß sagen viele Kinder: »Vor em Coop« [»Vor dem Coop«]), sagt sie: »Vor em bloue Huus« [»Vor einem blauen Haus«]. Das Postauto erwähnt sie auf dem Bild als »Auto« und weiß nicht, was es transportieren könnte. Sie will weiterblättern, ohne den Emblemen Beachtung geschenkt zu haben. Eva wird aufgefordert, noch kurz bei diesem Bild zu verweilen.

* (5; 11) = Alter des Kindes; hier fünf Jahre und 11 Monate

Die Beobachtungsperson zeigt auf einige Embleme und fragt, ob Eva diese kenne. Dem Mädchen scheinen die Embleme nicht bekannt zu sein. Es möchte wissen, was auf dem *Smarties*-Logo stehe. Danach beginnt Eva wieder, Bildszenen zu kommentieren.

→ Evas Aussagen beziehen sich lediglich auf das Bild (Phase 1). Der Umstand, dass sie die Embleme nicht beachtet oder dies zumindest nicht zeigt, deutet darauf hin, dass Schrift für sie noch keinen großen Stellenwert besitzt oder aber dass das Bild von größerem Interesse ist. Die Frage, was denn auf dem *Smarties*-Logo stehe, könnte zeigen, dass sie das Geschriebene doch auch spannend findet. Eva könnte aber mit dieser Frage genauso gut von den Fragen der Beobachtungsperson zu ihren Emblemkenntnissen ablenken wollen, worauf auch das plötzliche erneute Kommentieren des Bildes hindeutet.

Seite 6–7:
• Wiederum kommentiert Eva das Bild. Sie zeigt auf die Flaschen, und auf die Frage hin, ob sie wisse, was darin sei, flüstert sie verschwörerisch: »Coca-Cola.« Das kenne sie, erzählt sie, »wüu i dehei trinke« [»weil ich daheim trinke«]. Den Inhalt der *Fanta*-Flasche benennt sie mit »Orange«. Die restlichen Embleme sind ihr nicht bekannt.
→ Eva erkennt zwei Embleme. Mit »Orange« benennt sie zwar nicht den Markennamen, aber das Getränk, was gleichwertig ist. Dies zeigt, dass sie bereits über Kenntnisse der Phase 2 verfügt.

• Eva vertritt mit Bestimmtheit die Meinung, sowohl die kyrillischen als auch die chinesischen Zeichen seien Schriftzeichen, kann aber nicht begründen, weshalb sie das findet. Sie wird gefragt, was denn sonst auf dem Bild noch geschrieben sei, worauf sie antwortet: »Weiss ni, cha nonid läse« [»Weiß ich nicht, kann noch nicht lesen«]. Sie zeigt mit dem Finger die korrekte Leserichtung.
→ Die Aussage, dass es sich sowohl bei den kyrillischen als auch bei den chinesischen Zeichen um Schriftzeichen handelt, lässt darauf schließen, dass Eva noch keine (große) Vorstellung über Schrift hat. Kinder, die bereits über Schriftkenntnisse verfügen, finden erfahrungsgemäß, die chinesischen Schriftzüge seien Zeichnungen, und sehen oft auch konkrete Bilder darin. Die kyrillische Schrift hingegen bezeichnen sie aufgrund der Ähnlichkeit mit unseren Schriftzeichen als Schrift. Möglicherweise ist Eva aber auch die chinesische Schrift als solche bekannt. Obschon Eva die korrekte Leserichtung gezeigt hat, bleibt unklar, ob sie sich dessen sicher ist. Sie könnte auch geraten haben.

Seite 8–9:
• Eva erzählt wiederum vom Bild. Zum Geschriebenen auf den Ballons äußert sie sich nicht. Sie wird gefragt, ob sie denn wisse, wo Lena sitze: »Weiss ni, da?« [»Weiß nicht, da?«], dabei deutet sie auf Olafs Platz und liest »Lena«. Auf den mit *DANI* beschrifteten Ballon zeigt sie richtig, kann aber ihre Meinung nicht begründen. Sie nickt und lacht, als sie gefragt wird, ob sie geraten habe. Nachdem Lea auf dem Bild gesucht worden ist, möchte sie von jedem Kind wissen, wo es sitze.
→ Mit ziemlich großer Sicherheit darf angenommen werden, dass Eva noch über keine GPK (Phase 4) verfügt, da sie sonst versuchen würde, einzelne Grapheme zu benennen. Aus ihrem Namen sind, mit Ausnahme von einem, alle Grapheme auf den Ballons repräsentiert. Würde sie bereits einige Buchstaben benennen können, wären darunter wahrscheinlich solche aus ihrem Namen. Eventuell hat sie *DANI* mithilfe visueller Merkmale wieder erkannt, was jedoch unwahrscheinlich ist. Mit ziemlicher Sicherheit hat sie geraten.

Der Rest der Geschichte wird gemeinsam angeschaut, da die Fragen der folgenden Seiten nur noch für Kinder interessant sind, die bereits lesen können. Sie entfallen deshalb für die Auswertung und Interpretation.

5.2.2 Interpretation

Es ist wahrscheinlich, dass Eva sich in den Phasen 1 und 2 befindet. Die Punkte in der Auswertungstabelle müssen nun im Gesamtbild interpretiert werden; sie wurden aufgrund von Aussagen, die für die Phasen 1–3 und 1–4 typisch sind, notiert. In diesem Fall sind sie eindeutig den Phasen 1 und/oder 2 zuzuordnen, da sonst in den Phasen 3 und 4 keine Kreuze vermerkt sind.

Für Eva sind die Bilder deutlich von primärem Interesse. Ohne dass sie auf Geschriebenes aufmerksam gemacht wird, erwähnt sie es nicht. Ihre Fragen bezüglich der Schrift können aber auf ihr erwachendes Interesse daran hindeuten.

Eva benennt zwei Embleme. Dies ist ausreichend für die Annahme, dass sie über das für Phase 2 notwendige Symbolverständnis verfügt.

Es wäre abzuklären, wie sie beim »Lesen« ihres eigenen Namens vorgeht. Kennt sie ihn aufgrund visueller Merkmale (Phase 3), oder verfügt sie doch schon über vereinzelte GPK (Phase 4)?

Eva erscheint während der Untersuchung noch als sehr kleinkindlich und verträumt. Sie flüstert immer wieder mit der Beobachtungsperson, als gäbe es ein Geheimnis in der Geschichte. Es erwächst der Eindruck, dass die Schrift tatsächlich noch nicht, oder nur am Rand, in ihre Welt gehört.

In diesem Zusammenhang ist es auch interessant, dass die Kindergärtnerin Eva gerne ein weiteres Jahr im Kindergarten behalten möchte.

5.2.3 Förderhinweise

In sehr spielerischer Form und der kleinkindlichen Art Evas angepasst, sollte sie zur Auseinandersetzung mit Geschriebenem motiviert werden. Sicherlich ist dabei das Erzählen von Bilderbuchgeschichten zentral, da dies ihrem Interesse zu entsprechen scheint. Primär sollte bei ihr die Neugier auf Geschriebenes geweckt werden, da diese die Ausgangslage für die nachfolgenden Schritte ist.

Anregungsbeispiele:

- Mit Eva über den Nutzen von Schrift sprechen: Wofür braucht man die Schrift? Was wäre, wenn wir nicht lesen könnten? Welche Motivation hat Eva, lesen zu lernen?
- Das Unterscheiden der visuellen Gestalt verschiedener Grapheme spielerisch üben. Beispiel: Alle gleich aussehenden Buchstaben mit derselben Farbe einkreisen. Oder: Mit Buchstaben-Ausstechformen Kekse ausstechen und sie nach Formen sortieren.
- Eva soll auf dem Weg vom Kindergarten nach Hause auf Schrift achten: Was ist alles angeschrieben? Wo sind Zahlen, wo Buchstaben? Anschließend kann darüber gesprochen werden.
- Schriftzüge und Embleme von Verpackungen und Zeitschriften sammeln und vergleichen. Welche Buchstaben sind auffällig? Was sind ihre Merkmale? Welche Buchstaben sind gleich?

5.3 Fallbeispiel 2: Gina (6;1)

5.3.1 Beobachtungen

- Gina nimmt das Bilderbuch verkehrt in die Hand, blättert von hinten nach vorne und bemerkt erst auf Seite 6, als sie die Seitenzahl sieht, dass sie falsch herum angefangen hat. Sie erzählt von den Bildern und lässt sich auf Gespräche darüber ein. Auf die Frage hin, ob sie schon lesen könne, antwortet sie: »Ich cha no nid läsä« [»Ich kann noch nicht lesen«].
- → Aus dem Blättern von hinten nach vorne und daraus, dass Gina sich auf die Bildbeschreibung beschränkt, kann geschlossen werden, dass sie erst in den Anfängen der Leseentwicklung steht.

Umschlag und Titel:
- Gina benennt z.B. /d/ und /u/ und /i/ beim Wort DANI.
- → Gina kennt neben Großbuchstaben auch einige Kleinbuchstaben, wobei die GPK noch nicht immer korrekt sind.

Seite 2:
- Diese Seite scheint für Gina uninteressant zu sein.

Seite 3:
- Gina erliest den Namen DANI folgendermaßen: »Daa-Danni Dani.« Hier liest sie diesen Namen das zweite Mal. Auf Seite 9 hat sie ihn zum ersten Mal gelesen, weil sie das Buch nicht von vorn, sondern von hinten zu »lesen« begonnen hat. Weiter benennt sie alle Buchstaben, die sie kennt.
- → Die bevorzugte und im Moment wichtigste Lesestrategie scheint für Gina das Zuordnen von Buchstaben zu Lauten (GPK) zu sein (Phase 4). Dennoch gelingt es ihr, den Namen Dani zu synthetisieren, was für die Phase 5 spricht.

Seite 4–5:
- Das Erkennen der Schriftzüge mit und ohne Embleme: *Stop, Coca-Cola, Migros, Post* bereitet Gina keine Mühe. Den Schriftzug *BUS* erliest sie, indem sie »/be/ /u/ /äs/« lautet und zu »Bushaltstell« zusammenschleift, das heißt, sie nimmt den Kontext zur Hilfe.
- → Das synthetisierende Lesen steht bei Gina noch in den Anfängen. Der Umstand, dass sie den Kontext zu Hilfe nimmt, deutet auf die Phase 4 hin.

Seite 6–7:
- Gina erkennt die Embleme »Coci und Orangina« (für *Coca-Cola* und *Fanta*).
- Gina erkennt nicht einfach Embleme mit oder ohne Schriftzug, sondern versucht zu erlesen. Das Benennen von Buchstaben gibt wiederum einen klaren Hinweis auf Phase 4.
- Gina kennt die Leserichtung und weiß, wo der Text beginnt. Sie unterscheidet zwischen Bild und Schrift. Einem Zeichen der chinesischen Schrift schreibt sie die Bedeutung eines Berges zu. Die kyrillische Schrift versucht sie zu entziffern: »/o/ 6 /e/ /a/?«; sie stutzt und bemerkt den Unterschied zu unserem Schriftsystem.
- → Gina scheint eine Vorstellung über Schrift zu besitzen. Der Versuch, die kyrillische Schrift zu erlesen, deutet auf das Bestreben hin, alles Bekannte zu buchstabieren (Phase 4).

Seite 8–9:
- Gina beginnt spontan, die Kindernamen zu lautieren, und erklärt, dass sie bestimmte Buchstaben nicht kenne. Sie benennt die einzelnen Großbuchstaben: »/äl/ /e/« bei *Lena*, »/o/ /äl/ /äf/« bei *Olaf*, »/e/ /äm/ /o/« bei *Remo*. *Dani* lautiert sie: »/d/ /a/ /än/ /i/«, kann die Laute aber nicht synthetisieren und fragt nach: »Was heißt das?« Weiter buchstabiert sie Lena folgendermaßen: »/äl/ /e/ /m/?«, ist sich dabei nicht sicher und fragt nach, wie der /N/ heißt. Sie übernimmt den Hinweis und fährt mit dem Lautieren fort: »/än/ /a/«. Auch diese Laute kann sie nicht synthetisieren. *Lea* erkennt sie auf einen Blick, da ein Mädchen des Kindergartens so heißt.
- → Den Namen *Lea* erkennt Gina wahrscheinlich aufgrund auffälliger Buchstaben, die sie rein visuell kennt. Dies spricht für die Phase 3.
- → Gina kennt schon einige Buchstaben, d.h., sie verfügt schon über GPK, wobei

Unsicherheiten bestehen. Gina lautiert alle Buchstaben, die sie schon kennt, kann sie aber nicht zusammenschleifen. Dies ist ein deutlicher Hinweis für die Zuordnung zur Phase 4. Die Texte der Seiten 9 bis 12 werden Gina vorgelesen und entfallen deshalb für die Auswertung und Interpretation.

5.3.2 Interpretation

Gina befindet sich vor allem in der Phase 4, welche durch das Benennen von Buchstaben geprägt ist. Sie erkennt und benennt schon sehr viele Groß- und Kleinbuchstaben. Sie benennt nicht einfach wahllos Buchstaben, die irgendwo auf der Seite stehen, sondern sie bewegt sich meist in den Grenzen eines Wortes. Es ist zu vermuten, dass sich Gina auch schon in den Anfängen der Phase 5 befindet, denn sie versucht, die Laute zu einem Wort zusammenzuschleifen, was ihr einmal richtig gelingt. Sie ist danach bestrebt, dem buchstabierten Wort eine Bedeutung zu geben, und zieht den Kontext als Entschlüsselungshilfe bei.

5.3.3 Förderhinweise

Da Gina noch in den Kindergarten geht und bereits über gute Kenntnisse der GPK verfügt, wird es nicht als notwendig erachtet, sie speziell zu fördern.

Die nächsten Schritte der Leseentwicklung wären einerseits, die bereits erworbenen Graphem-Phonem-Korrespondenzen zu festigen und die fehlenden noch zu erwerben; dies gilt für Groß- wie für Kleinbuchstaben. Andererseits wäre der Vorgang des Synthetisierens zu entdecken.

Anregungsbeispiele:
- Buchstabenformen und Buchstabennamen durch bedeutungshaltige graphische Assoziationen einprägen. Beispiele: /A/ für Affe, aus einem /A/ entwickelt sich graphisch ein Affe; /S/ für Schlange, die Buchstabenform ist der Gestalt einer Schlange sehr ähnlich.
- Visuelles und motorisches Einprägen der Buchstabenformen durch Nachfahren und Abschreiben von Groß- und Kleinbuchstaben und evtl. Wörtern.
- Zur Bewusstmachung des Schriftaufbaus kann mit einem bildlichen Vergleich, mit einer Rutschbahn gearbeitet werden. Beispiel: Das /Z/ rutscht zuerst hinab und wartet auf das /U/ – das Wort *zu* ist entstanden.

5.4. Fallbeispiel 3: Damian (6;0)

5.4.1 Beobachtungen

Umschlag und Titel:
- Damian dreht das Bilderbuch sofort um und nimmt es korrekt in die Hand. Er begründet dies, indem er auf das Titelblatt zeigt und sagt: »Wüu hie öbbis drufe isch« [»Weil hier etwas drauf ist«].
→ Daraus kann geschlossen werden, dass Damian der Umgang mit Büchern bekannt ist.
- Damian liest: »Dani.« Auf die Frage, ob er noch etwas vom Titel lesen könne, meint er: »Nei, das chan i nid« [»Nein, das kann ich nicht«].
→ Weshalb liest Damian nicht weiter? Erkennt er den Namen *Dani* anhand einzelner Buchstaben des Namens, aufgrund ihrer visuellen Gestalt (Phase 3), oder verfügt er bereits über erste GPK (Phase 4), oder hat er ihn synthetisiert (Phase 5) oder gar flüssig gelesen (Phase 6/7)?

Seite 2:
- Damian fragt nach dem Namen des abgebildeten Knaben und kommentiert das Bild: »Dä git ihre ä Brief« [»Der gibt ihr einen Brief«].
→ Damian scheint sich vor allem für das Bild zu interessieren.

Seite 3:
- Damian erkennt wieder den Namen *DANI* (dieses Mal in Großbuchstaben geschrieben) sowie den Namen *Lena*. Auf die Nachfrage, wieso er wisse, dass dies *Lena* heiße, antwortet er, indem er auf das Wort *Liebe* zeigt: »I ha zerscht hie gluegt, aber hie isch nid ä /e/ gsi u nähr han i's gseh /l/ /e/ /n/ /a/ Lena« [»Ich habe zuerst hier geschaut, aber hier ist es nicht gewesen und dann habe ich's gesehen: Lena«].
→ Dies zeigt, dass Damian bereits über GPK verfügt (Phase 4) und fähig ist, Wörter zu analysieren (er übersetzt die Buchstaben in Laute) und wieder zusammenzuschleifen, d.h., er synthetisiert (Phase 5).

- Nach der Aufforderung weiterzulesen liest Damian: »Liewe.« Er korrigiert sich selbst und sagt: »Liebe.« Er liest weiter: »Liebe Lena ... (kurze Pause) /d/ /u/ du, liebe Lena du ... bi bist, du bist, liebe Lena du bist, liebe Lena du bist zu Geburtstag.« Hier bricht er ab und möchte nicht mehr weiterlesen.
→ Die Tatsache, dass Damian sich bereits selbst korrigiert und den Inhalt des Gelesenen zu verstehen versucht – das zeigt sich darin, dass er die Satzteile wiederholt, bis er sie versteht –, weist bereits auf erste Bemühungen um Lesesinnverständnis hin (Phase 7). Das Lesen läuft bei ihm jedoch noch nicht automatisiert ab und verlangt immer noch große Aufmerksamkeit, was vorwiegend für die Phase 5 spricht.

Seite 4–5:
- Damian erkennt einige Schriftzüge mit Emblemen, zu *UBS* sagt er zum Beispiel: »Banco, Bank«, zu *Apotheke* »Farmacia«. Einige Schriftzüge ohne Embleme versucht er zu erlesen (z.B. »Smartins« für *Smarties*, »Bus«, »Migros«).
→ Typisch für die Phase 5 wäre, wenn Damian alles und jedes erlesen würde. Bei den Schriftzügen ohne Embleme versucht er dies auch, bei jenen mit Emblemen konzentriert er sich auf die typischen Logos. Sind dies noch Anzeichen der Phase 2?

Seite 6–7:
- Damian erkennt einige Embleme (z.B. *Rivella*, *Coca-Cola*). Bei *Fanta* stutzt er: »Wie heisst das? Orangesaft, aber ä chli angers, gäll?« [»Orangensaft, aber ein bißchen anders, nicht wahr?«]. Die Beobachtungsperson fragt nach: »Weisch nid wie's heisst?« [»Weißt du nicht, wie es heißt?«]. Doch Damian versucht nicht, das Wort zu erlesen, und wartet, bis die Beobachtungsperson die Lösung gibt.
→ Wieso hat er nicht versucht, *Fanta* zu erlesen? Kennt er evtl. nicht alle GPK? Hatte er keine Lust oder war er ganz einfach zu müde dafür?

- Die chinesischen Zeichen sind in Damians Augen Geschriebenes. Er begründet dies folgendermaßen: »Es git söttigi Schrifte, die si vo angere Sprache« [»Es gibt solche Schriften, die sind von anderen Sprachen«]. Bei der kyrillischen Schrift erkennt er Buchstaben unseres Alphabets, was für ihn ein Hinweis ist, dass es sich auch hier um eine Schrift handeln muss. Auch kennt Damian die Lese- und Schreibrichtung, weiß, wo ein Text beginnt, und verfügt über Buchstabenkenntnisse.
→ Damian scheint genaue Vorstellungen betreffend Schriften sowie Lesen und Schreiben zu haben.

Seite 8–9:
- Beim Zuordnen der Namen hat Damian keine Probleme. Er liest die Namen selbstständig und relativ flüssig.
→ Was das Lesen von Großbuchstaben betrifft, scheint er sich bereits in der Phase 6 zu befinden.
Da Damian bereits etwas ermüdet war und nicht mehr lesen mochte, wurden ihm die restlichen Seiten vorgelesen. Sie entfallen deshalb für die Auswertung und Interpretation.

5.4.2 Interpretation

Damian befindet sich vor allem in der Phase 5, die durch die Strategie des Synthetisierens geprägt ist. Das Lesen verlangt von ihm große Aufmerksamkeit und lässt ihn deshalb relativ rasch ermüden. Eine Ausnahme bildet das Erlesen von Namen in Form von Großbuchstaben, das relativ flüssig und ohne Mühe vonstatten geht und deshalb auf die Phase 6 hinweisen würde. Dazu sollte bedacht werden, dass zwischen dem Lesen von Texten mit Groß- und Kleinbuchstaben und Kindernamen in Großbuchstaben ein erheblicher Schwierigkeitsunterschied besteht. Großbuchstaben werden meist vor den kleinen Buchstaben erlernt, Namen – meist der eigene Name – bilden oft das erste Experimentierfeld in der Auseinandersetzung mit Schreiben und Lesen. Zudem sind im Kindergarten die Stühle im Kreis oft mit dem Namen der Kinder in Großbuchstaben beschriftet, was sich wiederum auf den Bekanntheitsgrad von Großbuchstaben und Namen an sich auswirken kann.

Auch Embleme sind für Damian von Interesse. Abzuklären wäre, ob er aus Gründen des Fehlens von GPK oder der Müdigkeit wegen die Strategie der Phase 2 zu Hülfe nimmt. Die Tatsache, dass er *Fanta* nicht zu erlesen versucht, deutet eher auf fehlende GPK (Phase 4) hin oder auf das Unvermögen, diese Schriftart zu entziffern.

Zudem kann festgehalten werden, dass Damian den eigentlichen Zweck des Lesens – die Informationsgewinnung – verstanden zu haben scheint, versucht er doch, das Gelesene zu verstehen, und korrigiert ein sinnloses Wort zu einem sinnvollen. Dies sind bereits wertvolle Ansätze von Kompetenzen betreffend das Lesesinnverständnis, welches in der Phase 7 zum Tragen kommen wird.

5.4.3 Förderhinweise

Da sich Damian noch im Kindergarten befindet und bereits erhebliche Kompetenzen innerhalb der Leseentwicklung aufweist, erscheint es nicht sinnvoll, zu diesem Zeitpunkt von außen her in den Leseerwerbsprozess einzugreifen. Selbstverständlich soll Damian Interesse für selbst gesteuerte Leseversuche entgegengebracht werden.

Unter Ausblendung der Tatsache, dass Damian noch im Kindergarten ist, könnte folgendermaßen vorgegangen werden: Zuerst wäre abzuklären, ob Damian noch einige GPK fehlen. Man könnte ihm das Alphabet in Groß- und Kleinbuchstaben vorlegen und ihn diese in spielerischer Form benennen lassen. Falls Damian noch nicht über alle GPK verfügt oder Unsicherheiten bei der Zuordnung zeigt, was wahrscheinlich scheint, müssten diese erlernt und gefestigt werden, um ein müheloses Synthetisieren zu ermöglichen, d.h. die Phase 5 zu festigen, um später darauf aufbauen zu können.

Anregungsbeispiele:
- Buchstabenkenntnis: Groß- und Kleinbuchstaben über alle möglichen Sinne kennen und benennen lernen. Beispiele: taktiles Vorgehen: Buchstaben aus Knete anfertigen; visuelles Vorgehen: Buchstabentabelle nach *Reichen* (1982), siehe nächsten Punkt. Ferner eignen sich auch Verfahren, wie in *Müllener* (1998) beschrieben. Es sei aber nochmals darauf hingewiesen, dass selbstverständlich Kindergartenkinder noch nicht über Buchstabenkenntnisse verfügen müssen.
- Einzelne Buchstaben in verschiedenen Drucktypen und Handschriften vergleichen, z.B. aus Zeitungen und Prospekten einen bestimmten Buchstaben ausschneiden und auf Karton aufkleben.
- Buchstabentabelle nach *Reichen* (1982): In dieser Tabelle sind alle Groß- und Kleinbuchstaben mit einem den ersten Laut darstellenden Bild veranschaulicht (beispielsweise ein Igel bei /I/, ein Buch bei /B/). Diese Tabelle kann dem Kind als Stütze dienen, wenn es einem Buchstaben keinen Laut zuzuordnen vermag. Achtung: Voraussetzung für den Gebrauch der Tabelle ist, dass das Kind den Anfangslaut heraushören kann.
- Lautanalyse: »Mit welchem Laut beginnt das Wort *Buch*? Welche Laute hörst du in *Los*?« Aufgaben zur Lautanalyse fallen durch zusätzliche Unterstützung mit Schrift leichter. Als gegenständliche Hilfen können Buchstabenkarten dienen.

6 Anwendung bei verschiedenen Zielgruppen

Im Rahmen verschiedener Studienarbeiten unter der Leitung der Autoren wurde das Instrument *Lesestufen* bei verschiedenen Zielgruppen evaluiert. Es fanden in der Schweiz Untersuchungen in Kindergärten, 1. und 2. Regelklassen und in Klassen für Lernbehinderte und geistig Behinderte statt. Neben der Bestimmung des individuellen Leseentwicklungsstandes der einzelnen Kinder konnte die Relevanz des Instruments für die verschiedenen Zielgruppen geprüft werden.

6.1 Anwendung im Kindergarten

Die Untersuchung wurde mit 41 Kindern aus drei Kindergartenklassen der Stadt Bern durchgeführt. Die Kinder befanden sich zu diesem Zeitpunkt im zweiten Kindergartenjahr und waren zwischen 5;7 und 7;0 Jahre alt. Elf der untersuchten Kinder waren fremdsprachig.

Die Beobachtungen wurden in separaten Räumen oder Nischen der Kindergärten durchgeführt, wobei immer ein Kind mit einer Untersucherin arbeitete. In manchen Fällen saß eine dritte Person zur Beobachtung dabei.

Von den 41 Befragungen konnten 38 Beobachtungsbogen ausgewertet werden:

- Jeweils 18 % der Kinder können den Phasen 1/2, 3/4 und 4/5 zugeordnet werden.
- 16 % der Kinder befinden sich in der Phase 2.
- 13 % der Kinder lassen sich den Phasen 2/3 zuordnen.
- 8 % der Kinder können der Phase 5 zugeordnet werden.
- Jeweils 3 % der Kinder befinden sich in den Phasen 1, 3, 5/6.
- Den Phasen 4, 6, 6/7 und 7 kann keines der untersuchten Kinder zugeordnet werden.

- Die Ergebnisse reichen von der Phase 1 bis zu den Phasen 5/6. Die zwei Extremwerte (Phase 1 und Phasen 5/6) werden von je nur einem Kind (3 %) erreicht. Die Mehrheit der Kinder befindet sich in den Phasen 1/2 bis 5.
- 47 % der beobachteten Kindergartenkinder verfügen bereits über Graphem-Phonem-Korrespondenzen, synthetisieren teilweise oder können sogar lesen (Phasen 3/4, 4/5, 5 und 5/6).
- Die anderen 53 % der Kinder befinden sich noch in den Anfängen der Leseentwicklung. Sie interessieren sich primär für Bilder und erkennen Embleme oder Buchstaben aufgrund visueller Merkmale (Phasen 1, 1/2, 2, 2/3 und 3).

Die vorliegenden Resultate bestätigen, dass die Leseentwicklung schon vor Beginn des Schulunterrichts einsetzt. Obwohl *Lesestufen* an einer kleinen Stichprobe getestet wurde, kann aus den Ergebnissen abgeleitet werden, dass Kinder des zweiten Kindergartenjahres bereits über Kenntnisse der Schriftsprache verfügen. Es ist somit nicht erstaunlich, dass Kinder am ersten Schultag die unterschiedlichsten Erfahrungen im Umgang mit Schrift mit sich bringen.

6.2 Anwendung in der Regelschule

In den Untersuchungen wurden 20 Kinder der 1. Regelklasse und 20 Kinder der 2. Regelklasse im Alter von 6;6 bis 8;6 beobachtet. Die Untersuchungen fanden in Gemeinden der Kantone St. Gallen und Freiburg statt.

Ergebnisse der 1. Klasse:
- 35 % der Kinder befinden sich in der Phase 5.
- 20 % der Kinder befinden sich in den Phasen 4/5.
- Jeweils 15 % der Kinder lassen sich den Phasen 5/6 und 6/7 zuordnen.
- 10 % der Kinder befinden sich in der Phase 6.
- 5 % der Kinder lassen sich der Phase 7 zuordnen.
- Die Leseleistungen der Erstklässlerinnen und Erstklässler bewegen sich zwischen den Stufen 4/5 und 7. Die Phasen 1 bis 4 konnten bei den untersuchten Kindern nicht beobachtet werden.
- Die Phase 5 ist mit 35 % am stärksten vertreten. Diese Kinder verfügen über Graphem-Phonem-Korrespondenzen und wenden beim Lesen vor allem die synthetisierende Strategie an. In dieser Phase können Fragen zum Lesesinnverständnis noch nicht beantwortet werden, da sich die Kinder auf das Erlesen konzentrieren.

Ergebnisse der 2. Klasse:
- 45 % der Kinder lassen sich der Phase 7 zuordnen.
- 20 % der Kinder befinden sich in den Phasen 6/7.
- 35 % der Kinder verteilen sich auf die Phasen 5 und 5/6.
- Die Kinder der 2. Klasse befinden sich in den Phasen 5 bis 7.
- 65 % der Leseleistungen lassen sich den Phasen 6/7 und 7 zuordnen. Mit zunehmender Leseerfahrung automatisieren die Kinder ihre Strategien und ihr Lesen wird flüssiger.

Aufgrund der vorliegenden Ergebnisse lässt sich eine Verbesserung der Leseleistung von der 1. zur 2. Klasse feststellen. In der zweiten Klasse läuft bei den meisten Kindern der Lesevorgang immer mehr automatisiert ab, was eine Kapazitätsvergrößerung für das Lesesinnverständnis bedeutet.

6.3 Anwendung in der Schule für Lernbehinderte

Die Anwendung des Instruments bei lernbehinderten Kindern fand in einer Kleinklasse in Naters (Kanton Wallis) statt.
Es wurden 10 Kinder im Alter von 7 bis 10 Jahren beobachtet.

Ergebnisse:
- 40 % der Kinder sind der Phase 5 zuzuordnen.
- Jeweils 20 % der Kinder befinden sich in den Phasen 4/5 und 6/7.
- Jeweils 10 % der Kinder befinden sich in den Phasen 4 und 5/6.
- Die Ergebnisse in der Lesetechnik reichen von der Phase 4 bis zur Phase 6/7. Diese zwei Extremwerte werden von 10 % bzw. von 20 % der Kinder erreicht.
- Die Phase 5 kommt mit 40 % am häufigsten vor. Diese Kinder benutzen die synthetisierende Strategie.

Die Streuung innerhalb der Klasse ist nicht sehr groß. Es sind nur die Phasen 4 bis 6/7 vertreten. In vielen Klassen für Lernbehinderte wird die Streuung jedoch größer ausfallen.

6.4 Anwendung in der Schule für geistig Behinderte

Für die Untersuchung wurden 10 schulbildungsfähige, geistig behinderte Kinder in zwei Gemeinden des Kantons Wallis ausgewählt. Die Kinder waren zum Untersuchungszeitpunkt zwischen 7 und 14 Jahre alt (vgl. *Niedermann, Sassenroth* 1999).

Ergebnisse
- Jeweils 20 % der Kinder befinden sich in den Phasen 3, 5, und 6/7.
- Jeweils 10 % der Kinder lassen sich den Phasen 2/3, 4, 5/6 und 6 zuordnen.
- Die Leistungen in der Lesetechnik verteilen sich auf die Phasen 2/3 bis 6/7. Die Phasen 1, 1/2, 2 und 7 sind bei keinem beobachteten Kind festzustellen.
- Es gibt keine Phase, die bei der Mehrheit der Kinder anzutreffen ist.

Die Streuung in den beiden Klassen ist sehr groß. Sie reicht von den Anfängen der Leseentwicklung bis zur Segmentation des Wortes in Verarbeitungseinheiten.

6.5 Fazit

Unsere Ergebnisse lassen den Schluss zu, dass das Instrument *Lesestufen* bei verschiedenen Zielgruppen (Kindergarten, 1. und 2. Regelklassen, Klassen für Lernbehinderte und geistig Behinderte) erfolgreich und gewinnbringend eingesetzt werden kann.

7 Schlussbemerkungen

Mit dem Vorlegen des Screeningverfahrens *Lesestufen* wird versucht, eine Lücke in der modernen Lernprozessbegleitung von Kindern im Schriftspracherwerb zu schließen. Während für die Erfassung des Schreibens schon seit längerer Zeit recht brauchbare Verfahren zur Beobachtung der individuellen Lernentwicklung vorliegen, mangelte es bisher bezüglich der Erfassung von Leseleistungen – besonders der frühen – an geeigneten Instrumentarien.

Das Verfahren basiert auf dem theoretischen Hintergrund eines entwicklungspsychologischen Modells, welches aus sieben qualitativ verschiedenen, aufeinander aufbauenden Phasen besteht. Die Darstellung der Leseentwicklung in einem Phasenmodell ermöglicht ein besseres Verständnis des Leseerwerbsprozesses, der kindlichen Lesestrategien und der typischen »Fehler«. Im Gegensatz zu herkömmlichen Tests interessieren nicht nur die Lesetechnik im Sinne des Lesens von Buchstaben oder Wörtern, sondern bereits die frühen Stadien im Prozess des Leseerwerbs. Dies erscheint angesichts neuer Forschungen zum Schriftspracherwerb besonders wichtig, weil oftmals gerade die frühen Phasen entscheidend für das Gelingen des gesamten Leseerwerbsprozesses sind. Um einem Kind möglichst frühzeitig adäquate Hilfestellung geben zu können, müssen gerade diese frühen Erwerbsstrategien erfasst werden (*Sassenroth* [4]2001, 45).

Das Instrument zur Erfassung des Lesestandes präsentiert sich in Form eines ansprechenden, farbigen Bilderbuchs. Lesen wird dabei wie im Alltag mit der Absicht der Informationsgewinnung verbunden. Dadurch wird vermieden, dass das Kind losgelöst vom Kontext, bloß zur Erfassung seiner Lesefertigkeiten, lesen muss und sich schnell einmal »abgetestet« fühlt. Im Vergleich zu herkömmlichen Testverfahren erscheint zudem vorteilhaft, dass mit dem Bilderbuch *Dani hat Geburtstag* das ganze Lesefertigkeitsspektrum abgedeckt werden kann. Die erzählte Geschichte ist so konzipiert, dass sie sich sowohl für Kinder ab Kindergartenalter als auch für schon fortgeschrittene kleine Leserinnen und Leser eignet und zu spontanen Sprechanlässen animiert.

Lesestufen richtet sich vor allem an Lehrkräfte der Regel- wie der Sonderschule, kann aber auch Kindergärtnern und Logopäden sowie Legasthenietherapeuten und Förderlehrpersonen als hilfreiches Beobachtungsmittel dienen.

Die ersten empirisch gewonnenen Ergebnisse bezüglich der Anwendung im Kindergarten, in der Regelschule und in Sonderschulklassen waren sehr ermutigend. Viele Fachpersonen haben uns die Brauchbarkeit und den gewinnbringenden Nutzen des Screeningverfahrens bestätigt. Insbesondere wurde lobend erwähnt, dass sie mit *Lesestufen* über ein Verfahren verfügen, mit dem sie nicht nur besser den aktuellen Entwicklungsstand des jeweiligen Kindes kennen lernen, sondern darüber hinaus auch gleich erfahren, welche nächsten Entwicklungsschritte in nächster Zukunft anzubahnen wären.

Um möglichen Missverständnissen vorzubeugen, möchten wir zum Schluss einen Punkt gesondert hervorheben. Mit unserem Postulat der frühen Leselernprozessbegleitung möchten wir keinesfalls dem Gedanken Vorschub leisten, dass unsere Kinder bereits im Kindergarten über Lesekenntnisse verfügen und bei noch nicht vorhandenen Fertigkeiten gezielt gefördert werden müssen. Wir sprechen uns gegen eine gezielte Förderung im Sinne eines systematischen Leseunterrichts im Kindergarten aus. Jedoch sollte sich unserer Meinung nach ein Umdenken bei Fachpersonen und Eltern durchsetzen: Einerseits sollten Eltern vermehrt angeregt werden, das spontane schriftsprachliche Erkundungsverhalten ihrer Kinder im Vorschulalter anzuerkennen. Andererseits könnten sich die Kindergärtner vermehrt für die selbst gesteuerten Leseversuche der Kinder interessieren, um die Kinder darin zu unterstützen (*Grissemann* 1996, 40). Die Befürchtung, Kinder zu überfordern, erweist sich angesichts des selbst gesteuerten Wissenserwerbs als unbegründet.

8 Literaturverzeichnis

Barth, K. H.: Die Diagnostischen Einschätzskalen (DES). München, Basel 1998.

Brügelmann, H.: Die Schrift entdecken. Beobachtungshilfen und methodische Ideen für einen offenen Anfangsunterricht im Schreiben und Lesen. Konstanz ²1986.

Brügelmann, H.: Grundlegende Forschung zum Lesenlernen. Ein aktuelles Resümee aus den USA mit einem Kommentar aus der BRD. In: *Balhorn, H., Brügelmann, H.* (Hrsg.): Rätsel des Schriftspracherwerbs. Lengwil am Bodensee 1995, 127–135.

Brügelmann, H.: Schwierigkeiten beim Lesen- und Schreibenlernen: Drei Forschungsansätze. In: *Balhorn, H., Brügelmann, H.* (Hrsg.): Jeder spricht anders. Normen und Vielfalt in Sprache und Schrift. Konstanz 1989, 188–189.

Brunner, N., Elmiger, R., Mürset, F., Troi, M.: Die kindliche Leseentwicklung. Erarbeitung eines Stufenmodells mit Beobachtungshilfsmitteln und Förderideen. Unveröffentlichte Diplomarbeit aus dem Heilpädagogischen Institut der Universität Freiburg/Schweiz. Abteilungen Logopädie/Schulische Heilpädagogik, 1997.

Dehn, M.: Zeit für die Schrift. Lesenlernen und Schreibenkönnen. Bochum 1988.

Edmiaston, R. K.: Preschool Literacy Assessment. In: Seminars in speech and language (1988) 9, 27–36.

Eggert, D.: Von der Testdiagnostik zur qualitativen Diagnose in der Sonderpädagogik. In: *Eberwein, H., Knauer, S.* (Hrsg.): Handbuch Lernprozesse verstehen. Weinheim und Basel 1998, 16–38.

Franke, U.: Logopädisches Handlexikon. München, Basel 1994.

Frith, U.: Psychologische Aspekte des orthographischen Wissens. In: *Augst, G.* (Hrsg.): New trends in graphemic and orthography. Berlin 1986.

Fritschi, S., Guggisberg, S., Leanza, M. A.: Das Lesediagnostikum »Dani hat Geburtstag«. Formale und zeichnerische Gestaltung des Instrumentariums, Konzeptentwicklung für ein Begleitheft und empirische Anwendung des Diagnostikums im Kindergarten. Unveröffentlichte Diplomarbeit aus dem Heilpädagogischen Institut der Universität Freiburg/Schweiz. Abteilungen Logopädie/Schulische Heilpädagogik, 1999.

Fuchs, K., Knapp, B., Stadler, G., Wermeille, C.: Lesediagnostikum »Dani hat Geburtstag«. Unveröffentlichte Diplomarbeit aus dem Heilpädagogischen Institut der Universität Freiburg/Schweiz. Abteilungen Logopädie/Schulische Heilpädagogik, 1999.

Grissemann, H.: Von der Legasthenie zum gestörten Schriftspracherwerb: Therapeutische und sprachdidaktische Konsequenzen eines gewandelten psychologischen und sonderpädagogischen Konzepts. Bern/Göttingen/Toronto/Seattle 1996.

Günther, K. B.: Ein Stufenmodell der Entwicklung kindlicher Lese- und Schreibstrategien. In: *Balhorn, H., Brügelmann, H.* (Hrsg.): Rätsel des Schriftspracherwerbs. Neue Sichtweisen aus der Forschung. Lengwil am Bodensee 1995, 98–121.

Häcker, H. et al.: Standards für pädagogisches und psychologisches Testen. Göttingen und Bern 1998.

Jansen, H., Mannhaupt, G., Marx, H., Skowronek, H.: Das Bielefelder Screening zur Früherkennung von Lese- und Rechtschreibschwierigkeiten. Göttingen 1999.

Jansen, H., Marx, H.: Phonologische Bewusstheit und ihre Bedeutung für den Schriftspracherwerb. In: Forum Logopädie 2 (1999), 7–16.

Kretschmann, R.: Sprachanalytische Vorstufen der Lesekompetenz von Vorschulkindern bei Schuleintritt und Schulkindern am Ende des 1. Schuljahres. In: *Balhorn, H., Brügelmann, H.* (Hrsg.): Welten der Schrift in der Erfahrung der Kinder. Konstanz 1987, 200–206.

Kretschmann, R., Dobrindt, Y., Behring, K.: Prozessdiagnose der Schriftsprachkompetenz. Horneburg/Niederelbe 1999.

Kuonen, A., Michlig, A.: »Dani hat Geburtstag«. Unveröffentlichte Diplomarbeit aus dem Heilpädagogischen Institut der Universität Freiburg/Schweiz. Abteilungen Logopädie/Schulische Heilpädagogik, 1999.

Küspert, P.: Phonologische Bewusstheit und Schriftspracherwerb: Zu den Effekten vorschulischer Förderung der phonologischen Bewusstheit auf den Erwerb des Lesens und des Rechtschreibens. Frankfurt 1998.

Marx, H., Jansen, H., Mannhaupt, G., Skowronek, H.: Prediction of difficulties in reading and spelling on the basis of the Bielefeld Screening. In: *Grimm, H., Skowronek, H.:* Language acquisition problems and reading disorders. Berlin, New York 1993.

May, P.: Hamburger Schreibprobe (HSP). Diagnose orthographischer Kompetenz. Zur Erfassung der grundlegenden Rechtschreibstrategien. Hamburg 1998.

Meiers, K.: Handbuch zu »Das Buchstabenschloss. Lesen- und Schreibenlernen im ersten Schuljahr«. Zug ³2001.

Müllener, J.: Lesen und Schreiben mit allen Sinnen. Eine Übungswerkstatt für das erste Schuljahr. Zug 1998.

Neuhaus-Siemon, E.: Kinder kommen als Leser in die Schule – Entwicklungsprozesse beim Schriftspracherwerb. In: *Günther, K.B.:* Ontogenese, Entwicklungsprozess und Störungen beim Schriftspracherwerb. Heidelberg 1989, 135–150.

Niedermann, A., Sassenroth, M.: Entwicklung eines Diagnostikums zur Einschätzung von frühen Leseleistungen und erste Untersuchungen bei geistigbehinderten Kindern. In: ALG (Bulletin Arbeitsgemeinschaft Lehrer/Innen für Geistigbehinderte) 83, Heft 3/1999, 15–23.

Papandropoulou, I., Sinclair, H.: What is a Word? In: Human Development 17/1974, 241–288.

Reichen, J.: Lesen durch Schreiben. Zürich 1982.

Sassenroth, M., Niedermann, A.: Zur Erfassung von Leseleistungen und -strategien. Bericht aus einem Projekt zur Entwicklung eines Beobachtungsinstrumentariums. In: *Deutsche Gesellschaft für Sprachheilpädagogik (dgs)* (Hrsg.): Über alle Grenzen – Sprachentwicklung in Bewegung. Kongressbericht. Würzburg 1999, 455–465.

Sassenroth, M.: Schriftspracherwerb: Entwicklungsverlauf, Diagnostik und Förderung. Bern/Stuttgart ⁴2001.

Scheerer-Neumann, G.: Sa: Sa: tä: l Sattel: Leseprotokolle unter der Lupe. In: *Balhorn, H., Brügelmann, H.* (Hrsg.): Das Gehirn, sein Alphabet und andere Geschichten. Konstanz 1990, 258–266.

Scheerer-Neumann, G.: Wortspezifisch: ja – Wortbild: nein. Ein letztes Lebewohl an die Wortbildtheorie. In: *Balhorn, H., Brügelmann, H.* (Hrsg.): Rätsel des Schriftspracherwerbs. Lengwil am Bodensee 1995, 149–173.

Skowronek, H. (Hrsg.): Language acquisition problems and reading disorders: Aspects of diagnosis and intervention. Berlin 1993, 415–438.

Valtin, R. et al.: Kinder lernen schreiben und über Sprache nachzudenken – eine empirische Untersuchung zur Entwicklung schriftsprachlicher Fähigkeiten. In: *Valtin, R., Naegele, I.* (Hrsg.): »Schreiben ist wichtig!« Grundlagen und Beispiele für kommunikatives Schreiben(lernen). Frankfurt a. M. 1986.

Zollinger, B.: Auswirkungen visuell-räumlicher Wahrnehmungsstörungen auf die Sprachentwicklung. In: Der Kinderarzt 20 (1989) 10, 1387–1390.

Dani hat Geburtstag

Beobachtungsbogen

Name des Kindes: _____

Alter: _____ Datum: _____

→ Kinder, die lesen können, erlesen die Texte so weit wie möglich selber. Die Lehrperson darf helfen, wenn das Kind nicht mehr weiterkommt. Kindern, die nicht lesen können, werden die Texte vorgelesen oder erzählt.

Umschlag und Titel

»Auf dem Tisch liegt ein Buch, das wir gemeinsam anschauen wollen. Mich interessiert, was du dazu sagst. Was erkennst du auf dem Umschlag? Kannst du etwas lesen?«

→ Das Buch soll verkehrt auf den Tisch gelegt werden.

❏	nimmt das Buch irgendwie in die Hand
ab 1 ❏	hält das Buch korrekt in der Hand
❏	erzählt nichts vom Bild
1 ❏	erzählt vom Bild
3 ❏	zeigt auf einige Buchstaben, kann sie aber nicht benennen
4 ❏	übersetzt Buchstaben in Laute, synthetisiert aber noch nicht
ab 5 ❏	erliest

Eigene Beobachtungen: _____
_____
_____
_____
_____
_____

Seite 2

»Dani hat Geburtstag. Was passiert jetzt wohl?
Kannst du etwas lesen?«

	☐	blättert wahllos
ab 1	☐	blättert korrekt weiter
ab 1	☐	erzählt vom Bild
1–3	☐	kann mit dem Text noch nichts anfangen
4	☐	übersetzt Buchstaben in Laute, synthetisiert aber noch nicht
5	☐	erliest (synthetisiert) vielleicht nur einige Wörter; braucht Hilfe beim Verständnis durch den Kontext oder die Lehrperson
6/7	☐	erliest, gliedert die Wörter in Verarbeitungseinheiten und erkennt den Inhalt
7	☐	liest ohne Probleme (flüssig und ohne größere Fehler)

Eigene Beobachtungen:

_____
_____
_____
_____
_____
_____

Seite 3

»Was steht wohl im Brief?«

1–4 ❑	Die Lehrperson muss den Brief vorlesen.
4 ❑	Das Kind übersetzt Buchstaben in Laute, synthetisiert noch nicht.
5 ❑	synthetisiert
6/7 ❑	liest den Text, fasst zu Verarbeitungseinheiten zusammen
7 ❑	liest flüssig und versteht den Inhalt

Eigene Beobachtungen:

_____

_____

_____

_____

_____

_____

_____

»Was steht wohl im Brief?«

Seite 4–5

»Was siehst du auf dem Bild?«

→ **Kind frei erzählen lassen, evtl. auf Embleme und Schriftzüge hinweisen. Kinder sollten aufgefordert werden, ihre Aussagen zu begründen.**

ab 1 ❑	erzählt vom Bild, ohne Embleme und Schriftzüge zu erwähnen
2 ❑	erkennt Embleme und benennt sie: ❑ Stop ❑ Aldi ❑ Post ❑ Sparkasse ❑ Apotheke ❑ Lidl ❑ Smarties
3 ❑	erkennt Schriftzüge ohne Embleme und benennt sie: ❑ Kiosk ❑ Bus ❑ Taxi ❑ Coca-Cola ❑ Restaurant ❑ Aldi (auf dem Bus)
4 ❑	benennt einzelne Buchstaben auf dem Bild oder benennt evtl. die Backstube als Bäckerei und begründet mit dem Graphem /B/
5 ❑	erliest (synthetisiert) den Text, ohne groß den Inhalt zu erkennen; erliest Schriftzüge mit Mühe
6/7 ❑	erliest Text und Schriftzüge; gliedert in Verarbeitungseinheiten
7 ❑	liest ohne Probleme

Eigene Beobachtungen:

_____
_____
_____
_____
_____
_____
_____
_____
_____
_____

Seite 6–7

»Was siehst du auf dem Bild?«

→ **Das Kind frei erzählen lassen, evtl. auf Embleme und Schriftzüge hinweisen.**

ab 1 ❑   erzählt vom Bild

2 ❑   erkennt Embleme und benennt sie:
❑ Punica   ❑ Coca-Cola   ❑ Fanta   ❑ Apollinaris   ❑ hohes C   ❑ miniMal   ❑ DB

3 ❑   erkennt Schriftzüge ohne Embleme und benennt sie:
❑ Gameboy   ❑ Micky   ❑ ASIA

Eigene Beobachtungen:
___
___
___
___

→ **Auf chinesische und kyrillische Schriftzüge hinweisen und das Gespräch auf das Thema Schrift lenken.**

Eigene Beobachtungen:
___
___
___
___

»Was ist Schrift?«

❑ Kind unterscheidet Bild von Schrift   ❑ weiß, wo Text beginnt
❑ kennt Leserichtung   ❑ nennt einige Buchstaben

Eigene Beobachtungen:
___
___
___
___

Seite 8–9

»Weißt du, wo Lena sitzt?«

1–3 ☐   weiß es nicht

zeigt falsch:

1–3 ☐   – benennt zufällig

4 ☐   – benennt aufgrund eines bekannten Buchstabens

zeigt richtig:

1–3 ☐   – benennt zufällig

4 ☐   – benennt aufgrund eines bekannten Buchstabens

5 ☐   – synthetisiert

6/7 ☐   – kann den Namen lesen

»Kennst du die Namen der anderen Kinder?«

☐ Dani   ☐ Olaf   ☐ Remo   ☐ Lea

1–3 ☐   weiß es nicht

1–3 ☐   benennt zufällig

4 ☐   benennt aufgrund eines bekannten Buchstabens

4 ☐   benennt die einzelnen Buchstaben

5 ☐   synthetisiert

6/7 ☐   kann die Namen lesen

»Lies doch mal.«

5 ☐   Kind synthetisiert

5 ☐   erliest bereits bekannte Wörter immer wieder von neuem

6/7 ☐   segmentiert in Verarbeitungseinheiten

6/7 ☐   Sichtwortschatz vorhanden:
☐ ist ☐ es ☐ da ☐ aus ☐ er ☐ von ☐ ein ☐ oder ☐ und

7 ☐   liest den Text flüssig

Eigene Beobachtungen:

_____

_____

_____

_____

_____

Seite 10

Lesetechnik

»Lies doch mal.«

5 ❏ | Kind synthetisiert
6/7 ❏ | segmentiert in Verarbeitungseinheiten
6/7 ❏ | Sichtwortschatz vorhanden:
 | z.B.: ❏ es ❏ ist ❏ zu ❏ sie ❏ ein ❏ ihn
7 ❏ | liest den Text flüssig

Eigene Beobachtungen:

_____
_____
_____
_____
_____

Lesesinnverständnis

»Wer kommt zu Besuch?«

5/6 ❏ | Kind kann Frage nicht beantworten oder rät
7 ❏ | kann Frage beantworten

Eigene Beobachtungen:

_____
_____
_____
_____

→ **Korrigiert sich das Kind bei Verlesungen selber?**

5/6 ❏ | Kind unternimmt keine Selbstkontrollen bzw. eher rückwirkende
7 ❏ | Kind unternimmt syntaktische und/oder inhaltliche Selbstkontrollen

Eigene Beobachtungen:

_____
_____
_____
_____

Seite 11

Lesetechnik

»Lies doch mal.«

5 ❑   Kind synthetisiert

6/7 ❑   segmentiert in Verarbeitungseinheiten

6/7 ❑   Sichtwortschatz vorhanden:
          z.B.: ❑ du   ❑ mit   ❑ mir   ❑ einen   ❑ in   ❑ den
               ❑ wir   ❑ auch   ❑ mein   ❑ sich   ❑ dem

7 ❑   liest den Text flüssig

Eigene Beobachtungen:
_____
_____
_____
_____

Lesesinnverständnis

»Kannst du das Rätsel lösen?«

5/6 ❑   kann Rätsel nicht lösen oder nur mit Hilfe

7 ❑   kann Rätsel lösen

Eigene Beobachtungen:
_____
_____
_____
_____

Seite 12–13

Lesetechnik

»Lies doch mal.«

5 ☐   Kind synthetisiert

6/7 ☐   segmentiert in Verarbeitungseinheiten

6/7 ☐   Sichtwortschatz vorhanden:
z.B.: ☐ hat ☐ sein ☐ leider ☐ nicht
       ☐ ist ☐ jetzt ☐ aber ☐ kann ☐ auf

7 ☐   liest den Text flüssig

Eigene Beobachtungen:
_____
_____
_____
_____

Lesesinnverständnis

»Hat Dani das Lieblingstier von Tante Alexandra gefunden?«

5/6 ☐   antwortet falsch

7 ☐   antwortet richtig

Eigene Beobachtungen:
_____
_____
_____
_____

»Kommt Danis Lieblingstier auch in seinem Traum vor?«

5/6 ☐   Kind antwortet falsch oder rät

7 ☐   Kind antwortet richtig

Eigene Beobachtungen:
_____
_____
_____
_____

→ **Reaktion des Kindes auf falsches Wort (*lieber* statt *leider*) beachten**

5/6 ❑ Kind erkennt Fehler nur mit Hilfe oder nicht
7 ❑ erkennt Fehler, korrigiert eventuell

Eigene Beobachtungen: _____
_____
_____
_____

»Wie könnte die Geschichte weitergehen?«

5/6 ❑ Kind kann keinen möglichen weiteren Verlauf der Geschichte formulieren oder nur mit Hilfe
7 ❑ Kind kann einen möglichen weiteren Verlauf der Geschichte formulieren

Eigene Beobachtungen: _____
_____
_____
_____
_____

Auswertungstabellen

Lesetechnik (Buchstabenkenntnisse/Embleme)

	Phase 1	Phase 2	Phase 3	Phase 4	Phase 5	Phase 6	Phase 7
Umschlag und Titel							
Seite 2							
Seite 3							
Seite 4–5							
Seite 6–7							
Seite 8–9							
Seite 10							
Seite 11							
Seite 12–13							

Lesesinnverständnis

	Phase 5	Phase 6	Phase 7
Seite 10			
Seite 11			
Seite 12–13			

Spezielle Beobachtungen:

_____
_____
_____
_____
_____
_____
_____

Phasenbestimmung:

Lesespaß von Anfang an!

Bergedorfer® Kopiervorlagen und Edition MoPÄD

Andrea Schultz/Claudia Hauboldt

Die Reise nach Alphabetien

☐ **Bilderbuch**
32 Seiten, DIN A4, Querformat, gebunden, vierfarbig
Best.-Nr. **M193**

☐ **Begleitband mit Kopiervorlagen**
86 Seiten, DIN A4, kartoniert
Best.-Nr. **M194**

Am Anfang war das A ... So beginnt die spannende Reise der „Staben", auf der sie alle nach einem neuen Buch und einem schönen Platz für sich suchen. Dabei entdecken sie zunächst sich selbst, dann die anderen „Staben" und bilden immer wieder neue kurze Wörter. Jeder einzelne zeigt schnell seine Eigenheiten: Während das A eher bedacht und tatkräftig ist, lallt das L oder das T stottert.
Wer einmal nach Alphabetien gereist ist, der lässt sich kein X für ein U vormachen. Für ihn sind die Buchstaben zu Persönlichkeiten mit unverwechselbaren Eigenschaften geworden.

In der gleichnamigen **Unterrichtshilfe** erfahren Sie, wie Sie das Bilderbuch „Die Reise nach Alphabetien" bei Leseanfängern einsetzen können. Etwa ein Drittel der Kopiervorlagen sind **lektürebegleitende Angebote**: Aufgaben zum Textverständnis, weiterführende Erzähl- und Schreibanlässe sowie Anregungen zum Nach- und Weiterspielen von Szenen.
Zahlreiche **buchunabhängige Angebote** regen die Kinder dazu an, sich im **Deutschunterricht, aber auch fächerübergreifend** mit dem Alphabet auseinander zu setzen: Übungen zu An- und Inlauten, Wahrnehmungs- und Reaktionsspiele, Dominos, Memorys u. v. m.

Robert Gunkel/Heiner Müller

Wir hören das Abc
ab 1. Schuljahr
56 Kopiervorlagen, DIN A4
Best.-Nr. **2147**

Das Heraushören von Lauten aus Wörtern ist für den Schriftspracherwerb besonders wichtig. Mit Hilfe der Arbeitsblätter üben die Kinder die **Position bestimmter Laute/Buchstaben** im Wort zu erkennen. Durch die gezielte Unterscheidung der einzelnen Bestandteile eines Wortes erfahren die Schüler/-innen, dass Wörter aus kleineren Einheiten zusammengesetzt sind. Sie lernen die Buchstaben eindeutig zu benennen und zuzuordnen.

Übungsblatt zu „B" oder „P"

Heiner Müller

Wir unterscheiden ähnliche Laute
1./2. Schuljahr
68 Kopiervorlagen, DIN A4
Best.-Nr. **2148**

Die visuelle und akustische Analyse von Buchstaben und Lauten ist eine wichtige Voraussetzung für den Schriftspracherwerb.
Die Arbeitsblätter mit Selbstkontrollmöglichkeit eignen sich sehr gut für zusätzliche Übungen zur **Lautanalyse** und **Lautdifferenzierung** bei auditiven Teilleistungsstörungen sowie für Förderunterricht und differenzierenden Unterricht im 1. und 2. Schuljahr in Grund- und Sonderschulen.

Bestellcoupon

Ja, bitte senden Sie mir/uns mit Rechnung

___ Expl. _____ Best.-Nr. _____

___ Expl. _____ Best.-Nr. _____

___ Expl. _____ Best.-Nr. _____

___ Expl. _____ Best.-Nr. _____

☐ Ja, bitte schicken Sie mir kostenlos Ihren aktuellen Gesamtkatalog zu.

Bestellen Sie bequem unter:
Telefon: 0 41 63/81 40 40
Fax: 0 41 63/81 40 50
E-Mail: info@persen.de

Bitte kopieren und einsenden an:

Persen Verlag GmbH
Postfach 260
D-21637 Horneburg

Meine Anschrift lautet:

_____
Name/Vorname

_____
Straße

_____
PLZ/Ort

_____
Datum/Unterschrift

_____
E-Mail

Sprachkompetenz gezielt verbessern!

Bergedorfer® Unterrichtsideen – praxiserprobt und topaktuell!

Anna Hobusch/Nevin Lutz/Uwe Wiest
Sprachstandsüberprüfung und Förderdiagnostik für Ausländer- und Aussiedlerkinder
1. bis 4. Schuljahr
Deutsch als Zweitsprache
Testpaket: inklusive 2 Begleit-CDs: 4 Hefte, zusammen 104 Seiten, DIN A4, 13 Lösungsfolien, 14 Bildkarten, 2 Audio-CDs
Best.-Nr. **3846**

Laut PISA-Studie ist für den Schulerfolg die angemessene Beherrschung der deutschen Sprache, z. B. das Verstehen mündlicher Anweisungen und Erläuterungen, unerlässlich. Daher sollten Ausländerkinder möglichst früh und gezielt gefördert werden. In der Praxis ist es aber oft schwierig, schnell und zuverlässig festzustellen, ob ein Kind ausreichende Deutschkenntnisse hat und dem Unterricht folgen kann. Diese schnell und einfach durchführbaren Tests messen die **mündliche Sprachkompetenz** weitgehend unabhängig von Fähigkeiten im Lesen und Schreiben.

Das Testpaket besteht aus:
- **zwei Heften** mit Testanweisungen, Hilfen zur Auswertung, Fragebögen etc.
- **Lösungsfolien** zur schnellen Auswertung der Fragebögen
- **Bildkarten** zur Vorlage während des Tests
- **einer Audio-CD** zur Erfassung des Hörverständnisses im Deutschen und zur Überprüfung des muttersprachlichen Wortschatzes in der Erstsprache: Albanisch, Arabisch, Englisch, Französisch, Griechisch, Italienisch, Kroatisch/Serbisch, Kurdisch, Persisch, Polnisch, Portugiesisch, Russisch, Spanisch, Tamilisch oder Türkisch. Die Durchführung der Wortschatztests für die erste Klasse erfordert keinerlei Kenntnisse in diesen 15 Sprachen.

Annette Ostermann
Lernvoraussetzungen von Schulanfängern
Beobachtungsstationen zur Diagnose und Förderung
136 Seiten, DIN A4, kartoniert
Best.-Nr. **3875**

Dieses Buch richtet sich an Lehrkräfte und Erzieher/-innen, die mit Vorschulkindern und Schulanfängern arbeiten. Anhand von Beobachtungsstationen können sie feststellen, welche **Lernvoraussetzungen** bei Kindern vorhanden sind und welche fehlen oder nur teilweise ausgebildet wurden. Die daraus resultierenden **Auswirkungen für das Lernen** in der Schule beschreibt die Autorin ausführlich. Darüber hinaus gibt sie Hinweise, wie eine Förderung des entsprechenden Kindes im Unterricht, aber auch außerschulisch, erfolgen kann, und in welchen Fällen andere Fachgebiete (Medizin, Ergotherapie etc.) zu Rate gezogen werden sollten.

Klaus Kleinmann
Lese-Rechtschreib-Schwäche?
Das Basistraining – anschaulich und systematisch

158 Seiten, DIN A4, kartoniert
Best.-Nr. **3844**

Schreiben lernen Buchstabe für Buchstabe! Um Kinder mit Lese-Rechtschreib-Schwäche gezielt zu fördern, ist es unumgänglich, zu den Grundlagen der Rechtschreibung zurückzukehren, sie zunächst aufzubauen und zu stabilisieren. **Systematisches Training** ist hier angesagt!
Bei diesen Übungseinheiten werden alle Sinne angesprochen. Erst durch intensive sprachrhythmische Arbeit, Handzeichen, das Bewusstmachen der Sprechmotorik und das Lernen mit verschiedenen Sinnen können lese-rechtschreib-schwache Schülerinnen und Schüler optimal gefördert werden.
Hervorragend einsetzbar in der Frühförderung, ab Anfang des 2. Schuljahres oder auch zur gezielten Unterstützung von Kindern mit Lese-Rechtschreib-Schwäche bis zum 5. Schuljahr.

Bestellcoupon

Ja, bitte senden Sie mir/uns mit Rechnung

___ Expl. _____ Best.-Nr. _____

___ Expl. _____ Best.-Nr. _____

___ Expl. _____ Best.-Nr. _____

☐ Ja, bitte schicken Sie mir kostenlos Ihren aktuellen Gesamtkatalog zu.

Bitte kopieren und einsenden an:

Persen Verlag GmbH
Postfach 2 60
D-21637 Horneburg

Meine Anschrift lautet:

_____
Name/Vorname

_____
Straße

_____
PLZ/Ort

_____
Datum/Unterschrift

_____
E-Mail

Bestellen Sie bequem unter:
Telefon: 0 41 63/81 40 40
Fax: 0 41 63/81 40 50
E-Mail: info@persen.de

Sprachkompetenz optimal fördern!

Bergedorfer® Unterrichtsideen und Förderdiagnostik

Inge Holler-Zittlau

30 Spiele zur Sprachförderung
Für Kindergarten und Grundschule
Mit Kopiervorlagen
112 Seiten (davon 20 Seiten vierfarbiges Spielmaterial), DIN A4, kartoniert
Best.-Nr. **3898**

Die PISA-Studie hat gezeigt: Oft ist das Sprachverhalten der Kinder nicht altersgemäß, was sich wiederum nachteilig auf ihren allgemeinen Lernfortschritt auswirkt. Diese Defizite frühzeitig aufzufangen ist das Ziel dieser 30 Spiele umfassenden Sammlung zur entwicklungsorientierten Kommunikations- und Sprachförderung.

Die ansprechend gestalteten Spiele sind aber nicht nur zur besonderen Förderung von Kindern mit sprachlichen Entwicklungsverzögerungen im Kindergarten geeignet, sondern auch zum Training von Lexik, Syntax und Grammatik im Sprachunterricht der Grundschule.

Das **optimale Förder- und Übungsmaterial** für den Deutschunterricht!

Lily Gleuwitz/Kerstin Martin

Täglich 5 Minuten Sprachförderung
1./2. Schuljahr
62 Seiten, DIN A4, kartoniert
Best.-Nr. **3865**

In diesem Buch zeigen die Autorinnen, wie die Kinder mit kurzen, spielerischen Übungen, in denen Sprache häufig mit anderen Tätigkeiten verbunden wird, Spaß am Umgang mit der Sprache gewinnen können.

So wird spielerisch das Sprachverständnis entwickelt und der Wortschatz vergrößert, grammatische Strukturen werden gefestigt, die Aussprache sowie die Wahrnehmung von Gesprochenem verbessert sich und das Gedächtnis wird trainiert – also kurz: Die Sprachkompetenz der Kinder wird erweitert.

Holger Probst

Testaufgaben zum Einstieg in die Schriftsprache
Mit Karten und Kopiervorlagen
52 Seiten + 4 Testvorlagen, DIN A4, kartoniert
Best.-Nr. **3873**

Hier finden Sie wissenschaftlich fundierte Fragen nach unterschwelligen Vorkenntnissen zum Erlernen der Schriftsprache.

Die Sammlung bewährter Aufgaben bietet die Möglichkeit, vor und bei Schuleintritt die phonologische und linguistische Bereitschaft des Kindes für den Lese-Schreiblehrgang festzustellen.

Bestellcoupon

Ja, bitte senden Sie mir/uns mit Rechnung

___ Expl. _____ Best.-Nr. _____

___ Expl. _____ Best.-Nr. _____

___ Expl. _____ Best.-Nr. _____

☐ Ja, bitte schicken Sie mir kostenlos Ihren aktuellen Gesamtkatalog zu.

Bestellen Sie bequem unter:
Telefon: 0 41 63/81 40 40
Fax: 0 41 63/81 40 50
E-Mail: info@persen.de

Bitte kopieren und einsenden an:

Persen Verlag GmbH
Postfach 2 60
D-21637 Horneburg

Meine Anschrift lautet:

_____
Name/Vorname

_____
Straße

_____
PLZ/Ort

_____
Datum/Unterschrift

_____
E-Mail